THÈSE

POUR

LA LICENCE.

TOULOUSE,
TYPOGRAPHIE TROYES OUVRIERS RÉUNIS,
RUE SAINT-PANTALEON, 3.

FACULTÉ DE DROIT DE TOULOUSE.

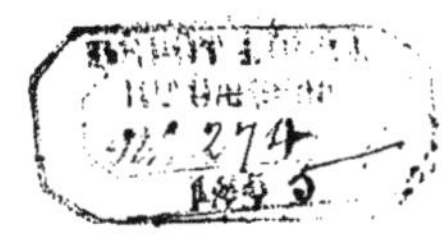

THÈSE

POUR

LA LICENCE

SOUTENUE

Par Gustave **CHICOU-LAMY**,

Né à Bazas (Gironde.)

TOULOUSE,
Typographie Troyes OUVRIERS RÉUNIS,
Rue Saint-Pantaléon, 3.

1855.

A MON GRAND-PÈRE, A MA GRAND-MÈRE.

A MON PÈRE, A MA MÈRE.

Jus Romanum.

Depositi vel contra.

Institut., lib. III, tit. XIV, § 3. — Dig. lib. XVI, Tit. III. — Cod., lib. IV, tit. XXXIV.

Conventio dicitur duarum voluntatum in unum consensus.

Jure Romano divisæ sunt conventiones in contractus et pacta.

E contractibus nascuntur obligationes ex jure civili, quibus confirmandis adjectæ sunt actiones. Ex pactis autem generaliter tantum naturales obligationes nascuntur quæ, non adjectis actionibus, attamen ut exceptiones opponi possunt (1). Quibus id est juris vinculum non inhæret, nisi ad contractuum ordinem Prætor vel Imperatorum constitutiones erexerint, aut nisi de pactis adjectis agatur.

Quatuor modis contrahuntur obligationes : *Re*, *verbis*, *litteris*, *solo consensu*.

Quatuor autem re, scilicet : 1° *Mutuum;* 2° *commodatum;* 3° *depositum:* 4° *pignus*.

Depositum ad propositum hujus operis pertinet.

Sic hunc contractum definiit jurisconsultus Ulpianus : Depositum est

(1) L. 8, § 5, ff. Ulp. de Pactis.

quod custodiendum alicui datum est. Cujus verbi ad dandam originem, idem addit jurisconsultus : Dictum est ex eo quod ponitur; præpositio enim *de* auget depositum, ut ostendat totius fidei ejus commissum quod ad custodiam rei pertinet (1). Paulus autem in sententiis alteram ac Ulpianus originem usurpat, dicens : Depositum est quasi diu positum (2). Quam quidem secutus est Cujacius.

SECTIO PRIMA.

De depositi peculiaribus signis.

Contra ac in mutuo evenit, fidei creditæ rei proprietatem depositario haud transmittit deponens. Non solum rei dominus manet deponens, verum etiam ipsius possessionem servat; sic discit Florentinus : Rei depositæ proprietas apud deponentem manet sed et possessio : Nisi apud sequestrem deposita est, nam tum demum sequester possidet; id enim agitur ex depositione ut neutrius possessioni id tempus procedat (3).

Gratuitum esse debet depositum. Curarum pretium accipiente depositario, locatio conductio est (4). Attamen a depositario ob beneficii memoriam accepto munere, nisi ipse exigere potuerit, depositi natura non adulterabitur.

Tradita res mobilis esse debet; non potest enim res immobilis deponi.

SECTIO SECUNDA.

De diversis depositi speciebus.

Tria depositi genera discernemus :

1° Voluntarium depositum;

(1) D. h. t. L. 1.
(2) Sent. Lib. II, Tit. XII. § 2.
(3) D. h. t. L. 28. § 1.
(4) D. h. t. L I, § 3. — Sic jure Gallico (C. N. art. 1917).

2° Necessarium vel miserabile depositum;
3° Sequestratio.

§ 1. — *De voluntario deposito.*

Definiri potest voluntarium depositum, illud quo depositarium libere elexerit deponens, atque libere rem depositam depositarius acceperit. Itaque tantummodo in simplum, adversus depositarium infidelem, actionem habebit deponens (1). Quod quidem introduxit Prætor; namque XII tabularum legum tempore, semper in duplum condemnabatur infidelis depositarius, sive voluntarium sive necessarium fuisset depositum (2). Prætor autem inter voluntarium necessariumque discrimine facto, voluntario deposito ad simplum reduxit actionem, cum quodam modo culpam fecerit deponens, fiducia indigno credita. Quam Prætoris distinctionem secutus est Justinianus (3).

§ 2. — *De necessario deposito.*

Depositum necessarium fit in turba, tumultuve, incendiove, naufragiove, cum imminet periculum (4). Sic exempli gratia, deflagrante domo Seius pretiosissimas res rapit vicinoque Titio credit. Hoc est necessarium depositum. Non potest enim dici a deponente Titium potiusquam alium electum esse. Cui creditæ sunt incendio subreptæ res, quia probabiliter ad has accipiendas aptissimus esset. Quo casu, si res accepisse negabit Titius, in duplum condemnabitur. Cujus inter voluntarium necessariumque depositum discriminis causas nobis optime designat Ulpianus : Hæc autem separatio causarum justam rationem habet; quippe qui fidem

(1) D. h. t. L. I. § 1.
(2) Paul Sent. Lib. II. Tit XII. § 11.
(3) Inst. Lib. IV Tit. VI § 23.
(4) Vid. C. N. 1949.

elegit, nec depositum redditur, contentus esse debet simplo : cum vero extante necessitate deponat, crescit perfidiæ crimen : et publica utilitas coercenda est, vindicandæ reipublicæ causa; est enim inutile in causis hujusmodi fidem frangere (1). Adversus infidelem depositarium data in duplum actio, tribuetur ne adversus heredem ? Si ipse dolum commiserit heres, adversus eum in duplum actio tribuetur; sin autem aliter evenerit, in simplum tantummodo dabitur (2).

§ 3. — *De Sequestratione.*

Vocatur depositarius sequester, cum res litigiosa fuerit deposita, vel de diversorum utilitate actum erit atque alicui credenda res erit, quam postea domino constituto restituere debeat.

Sequestrationem res immobiles suscipiunt, quo quidem a deposito differt sequestratio.

Verbi sequestrationis hanc originem nobis tradidit Modestinus : sequester dicitur apud quem plures eamdem rem de quâ controversiâ deposuerunt : dictus ab eo, quod occurrenti aut quasi sequenti eos qui contendunt committitur. (3)

Cum sequestrationem constituunt partes, quomodo sit res custodienda restituendaque conveniunt (4) quibus inter sequestrationem depositumque vulgare discrimen agendum est. Novo discrimine, officium constituit sequestratio quod tantum gravibus causis et Prætore adjuvante abdicare possit sequester. (5) Ex jam citato textu a sequestre possideri rem creditam apparet, cum autem vulgari deposito apud deponentem maneat possessio. Sed illa possessio sequestri usucapionem gignere non poterit, quia

(1) D. h. t. L. I. § 4.
(2) Inst. Lib. IV. Tit. VI. § 17.
(3) L. 110 de Verborum significatione.
(4) D. h. t. L. 6.
(5) D. h. t. L. 5. § 2.

intelligitur, ex altera parte, nunquam bonæ fidei possessorem habendum esse sequestrem, neque ex altera proprio nomine possidere sed cujus res pertinebit.

Sectio tertia.

De deponentis depositariique obligationibus.

Ex depositi contractu depositario deponentique multæ nascuntur obligationes. Primum de his quæ ad depositarium, secundo de his quæ ad deponentem attinent, disseremus.

§ I. — *De depositarii obligationibus.*

Cum res deposita deponenti maneat propria, ipsam eamdemque ad primam deponentis postulationem depositarius restituere debet. (1) Nihilque refert utrum ad diem res deposita fuerit nec ne. Hic enim non rei quidem, deponentis vero gratia dies impositus est. Sic iter facturus apud te pretiosas res depono, illasque ab ipso sex mensibus custodiendas stipulor ; credo enim hoc temporis intervallo me abfuturum esse, atque certior fieri volo meas res in nullum discrimen adductum iri. Sed si tribus mensibus lapsis, redierim, ad statim restituendas res depositas te cogere potero.

Si pecuniæ summa deposita fuerit, non pure depositarius receptæ æqualem summam restituere debet, imo ipsi nummi deponenti restituendi sunt.

Nunquam compensationem vel aliam quamvis exceptionem deponenti opponere potest depositarius. Quod ex quadam imperatoris Justiniani constitutione apparet. (2) Nobis æque dicit Paulus : In causâ de-

(1) Inst. Lib. III. Tit. XIV. § 3.
(2) Cod. Lib. IV. Tit. XXXIV. Const. 11.

positi compensationi locus non est. (1) Restituere debet depositarius cum etiam rei depositæ deponentem non esse dominum contenderet. (2)

Nisi vel tacite, vel conceptis verbis deponens auctoritatem præbuerit, re deposita uti non potest depositarius. Qua si usus, furtum committet. Verbi gratia si sacculum vel argentum signatum deposuero et hic penes quem depositum fuit, sine permissu meo contrectaverit et depositi et furti actio mihi in eum competit.

Depositario a deponenti utendæ rei data auctoritate, modo mutuum, modo commodatum fit depositi contractus. Fiet mutuum toties ex illis res est quæ primo usu consummuntur. Sic exempli gratia, centum frumenti mensuras depono, depositario illius utendi præbita auctoritate. Fiet autem commodatum, si ex non fungilibus res deposita fuerit; sic equum apud Titum depono, ei illius utendi ex permissu meo, duobus istis casibus intelligitur depositarium, quod ad rem depositam attineat, non item adstringi. Si pecuniam deposuero, dicit Paulus, eamque tibi permisero, mutua magis videtur quam deposita, ac per hoc periculo tuo erit. (3) Qui Pauli textus ejusdem jurisconsulti alteri textui contradicit. Apud Titium pecuniæ summam depono illi ejus utendæ præbita auctoritate : fiet-ne mutuum? E jam dictis apparere videtur affirmate quæstionem resolvendam esse. In Pandectis tamen, hanc summam usuras genituram esse nos docet Paulus. Mutuum autem per sepsum usuram non gignit. Si usuras debitum iri voluerint partes, ad id necessaria est peculiaris stipulatio. Qua autem in specie, usuras pecuniæ summæ depositæ, cujus utendæ auctoritatem illi præbuerim, mihi debebit Titius. (4)

Depositarium sua vice depositum apud aliquem tertium deposuisse evenire potest. Quo casu, quid fiet cum novus depositarius propter

(1) Sent. Lib. II. Tit. XII. § 12.

(2) D. h. t. L. 31. § 1.

(3) Sent. Lib. II. Tit. XII. § 9.

(4) D. h. t. L. 29.

dolum, rem depositam restituere non poterit? Num prior depositarius erga deponentem liberatus est? Non liberatus erit, illique quas adversus posteriorem depositarium ipse habeat actiones cedere debebit. (1) Hic enim notandum est duos esse depositi contractus, posteriorem depositarium nullo modo ergà deponentem obligari, ob eamque rem deponentem adversus eum directo agere non posse.

Nunc ad præstationem depositario ex depositi contractu ortam transeamus. Cum propter solam deponentis utilitatem depositi contractus fiat, generaliter tantummodo dolum præstare debet depositarius. (2) Si ergo res deposita perierit, non ad indemnem faciendum deponentem adstringetur depositarius, nisi modo ob dolum res perierit. Sic dolum definiit Labeo : Omnis calliditas, fallacia, machinatio ad circumveniendum, fallendum, decipiendum alterum adhibita. (3) Culpam latam complectitur dolus, quam cæterum dolo æquiparant jurisconsulti Romani. (4).

Pone rem depositam depositarium perdidisse : obligatus-ne erga deponentem manebit? Nisi dolum commiserit jam non obligatur. Sed si ad eum perdita res redierit, renascetur obligatio. (5).

Re deposita subrepta, semper-ne erga deponentem obligatur depositarius? Nomine ejus depositi non tenetur, nec ob id ejus interest rem salvam esse, furti itaque agere non potest, et ea actio domino competit. (6).

Facile intelligitur cur tam restricta sit depositarii erga deponentem præstatio. Cui enim negligenti amico rem custodiam tradit, non ei sed suæ facilitati id imputare debet. Sed si a depositario allecta fuerit depo-

(1) D. h. t. L. 16.
(2) Paul. Sent. Lib. II. Tit. XII. § 6. — Inst. Lib. III. Tit. XIV. § 3.
(3) L. 1. § 2. De dolo malo.
(4) D. h. t. L. 32.
(5) D. h. t. L. 20.
(6) Gaïus. Com. III. § 207.

nentis fiducia, latior fiet præstatio ita tamen non ut non solum dolum sed etiam culpam et custodiam præstet, non tamen casus fortuitos. (1). Item partibus præstationem peculiariter stipulatis, depositarii præstatio minuetur. Nulla autem est stipulatio ex qua dolus depositario præstandus non est. Quamobrem Ulpianus jam dictis : Contractus enim legem ex conventione accipiunt; addit : Illud non probabis dolum esse non præstandum, et si convenerit, nam hæc conventio contra bonam fidem contraque bonos mores est; et ideo nec sequenda est.

§ 2. — *De deponentis obligationibus.*

Cum ex natura depositum gratuitum sit, depositario impensæ esse æquitati contradiceret. Itaque a deponente depositario restituendæ sunt omnes impensæ quas ad rem servandam fecerit. Sic apud te servum depono, qui in morbum incidit : non tibi hujus impensæ morbi ferendæ sunt; præstitam autem ego summam tibi rependere debeo. (2). Imo si deponens, re depositario credita quiddam illi damni intulerit, semper a deponente depositarius indemnis faciendus erit, et si dolum vel culpam levem commiserit. Quod statuit jurisconsultus Pomponius (3).

Sectio quarta.

De actionibus quæ ex contractu depositi nascuntur.

Jure Romano omnes contractus quibus est proprium nomen, actiones gignunt quæ ex ipso nomine trahunt appellationem. Sic actio commodati, actio locati conducti, empti et venditi, etc., etc.; e quibus tamen exci-

(1) D. h. t. L. 1. § 35.
(2) D. h. t. L. 23.
(3) D. h. t. L. 12.

piendum est mutuum. Contractus autem quorum non sit proprium nomen actionem præscriptis verbis tantummodo gignunt.

Inter priores depositi contractus adnumeratur, ideoque ex eo nascitur actio depositi. Hæc autem actio bonæ fidei est. (1).

Vocantur actiones bonæ fidei, illæ in quibus ex æquo et bono judici dicendum sit secundum naturalis æquitatis præcepta. Contra stricti juris actiones hæ sunt in quibus e stricti juris civilis regulis judici dicendum sit, omissa naturali æquitate.

Hæc bonæ fidei natura quæ ad actionem depositi pertinet, magni momenti effectus habet, inter quos sequentes notandi sunt : usuræ in depositi actione judiciis ex mora venire solent. (2). Item de rerum depositarum fructibus. Ad deponentem pertinet actio depositi qua depositarius exsequendæ obligationi adstringatur, id est, rei depositæ restituendæ. Ista quidem famosa est actio, scilicet si depositarius adversus quem illata fuerit ad restituendam damnatus erit, ignominia notabitur(3). Quo autem consistebat ignominia e depositarii condemnatione veniens ? Omnes in hoc consentiunt, scilicet non tantummodo hanc infamiam morale dedecus esse, imo depositario damnato quædam jura detrahere.

Valde diversa apparet depositi actio, sive de necessario depositario agatur. Supra diximus, in casu necessarii depositi, depositum negantem depositarium in duplum condemnari. Uno casu mixta est actio depositi, hoc sensu scilicet ut simul sit rei et pœnæ persecutoria. Formularum tempore, vel in factum vel in jus concepta esse poterat depositi actio. Vocatur concepta in factum, illa in qua nulla sit juris quæstio atque demonstrationem sequatur condemnatio. Actio autem in jus, juris quæstionem comprehendit ipsa intentione comprehensa (4).

(1) Gaïus. Com. IV. § 62. — Inst. Lib. IV. Tit. VI. § 28.

(2) Cod. Lib. IV. Tit. XXXIV. Const 2.

(3) Cod. h. t. Const. 10.

(4) Gaïus. Comm. IV. § 49.

Si in actionis formula quod ipse debeat depositarius superaverit deponens, veluti si uno deposito duo petierit, ultra petitio erit. Jure autem romano ultra petitione deficiunt omnia jura, salva tamen restitutione in integrum quam semper quinque et viginti annis minoribus atque aliquando majoribus tribuit Prætor.

Generaliter autem notandum est, ut sit ultra petitio, intentione comprehendendam esse amplificationem. Eumdem errorem in qualibet alia formulæ parte, veluti in demonstratione, eadem defectio non sequitur. Sed apud nos, dicit Gaius, quosdam scriptum invenimus, in actione depositi et denique in cæteris omnibus quibus damnatus unusquisque ignominia notatur, eum qui plus quam oportet demonstraverit, litem perdere. Quod ad depositi actionem attinet discrimen facit Gaius inter formulam in factum atque in jus conceptam, quod vero ad posteriorem attinet tantum in intentione comprehendi potest ultra petitio : ibi enim conclusiones actor enuntiat. Quod autem ad priorem attinet, quum intentio demonstrationi mixta sit, potest esse ultra petitio, si amplificata est petitio in demonstratione, quia hoc ipso in intentione amplificata est (1).

Zeno posteaque Justinianus juris asperitatem quod ad ultra petitionem attinebat emendarunt (2).

E contractu depositi adversus deponentem depositario nasci potest actio contraria, quæ quidem depositario tribuitur, ut deponentem adstringat ad ipsi rependendum omnes impensas quas propter rem depositam fecerit. Sed hæc actio ab initio e depositi contractu non nascitur, pureque fortuita est. Generaliter manifeste apparet adversus depositarium vel heredes intendendam esse depositi actionem. Quod tamen omnibus in casibus non evenit. Pone enim filiumfamilias servumve depositarium esse, adversus patremfamilias dominumve agendum est. Si servus manumissus fuerit vel emancipatus filius, soli adstringentur (3).

(1) Gaïus IV. § 60.
(2) Inst. Lib. IV. Tit. VI. § 33.
(3) D. h. t. L. 12.

Code Napoléon.

Des Contrats.

(Articles 1101 — 1167.)

OBSERVATIONS PRÉLIMINAIRES.

Des obligations en général.

Pothier (*Traité des Obligations*, article préliminaire), distingue deux sortes d'obligations : 1° les obligations imparfaites, 2° les obligations parfaites.

On appelle obligations imparfaites, celles dont personne ne peut exiger l'accomplissement et dont nous ne sommes responsables qu'envers Dieu. Ces obligations sont du domaine de la morale.

L'obligation parfaite, la seule dont on s'occupe en Droit, est un engagement personnel contracté envers un tiers, et dont ce tiers peut exiger l'accomplissement.

Les obligations parfaites se subdivisent en obligations civiles et obligations naturelles.

L'obligation civile a été définie : *Vinculum juris quo necessitate adstringimur rei solvendæ, secundum nostræ civitatis jura* (1).

(1) De obligationibus Tit. XIII. Lib. III. Instit.

« L'obligation naturelle, dit Pothier, est aussi, quoique dans un sens « moins propre, une obligation parfaite, car elle donne sinon dans le for « extérieur, au moins dans le for de la conscience, à celui envers qui « elle est contractée, le droit d'en exiger l'accomplissement; au lieu que « l'obligation imparfaite ne produit pas ce droit. »

Les obligations dérivent, 1° des contrats, 2° des quasi-contrats, 3° des délits, 4° des quasi-délits.

C'est de la première source des obligations, c'est-à-dire des contrats, que nous devons traiter ici.

Des Contrats.

CHAPITRE PREMIER.

SECTION PREMIÈRE.

Définition du Contrat.

La convention se forme par le concours de deux ou plusieurs volontés sur le même objet. C'est, suivant l'expression d'Ulpien : *Duorum pluriumve in idem placitum consensus.* (1)

De la convention naît le contrat.

En Droit Romain, il importait de ne pas confondre la convention et le contrat; car la convention ne produisait pas nécessairement un contrat. Il n'y avait contrat, que lorsque le concours de volonté des parties s'était manifesté par l'accomplissement de certaines formalités prescrites par la loi. Dans le cas contraire, il y avait pacte, et du pacte résultait une obligation naturelle.

(1) L. 1. § 2. De Pactis.

En Droit Français au contraire, toute convention produit un contrat; la distinction entre les simples pactes et les contrats n'existe plus. Cependant dans les trois cas de donation, de contrat de mariage, et de constitution d'hypothèque, la convention, pour être parfaite, doit être revêtue de certaines formes solennelles. (art. 932, 1394, 2127, Code Nap.). Aussi notre législateur, ne considérant que le côté pratique, a-t-il confondu la convention avec le contrat.

Le contrat est défini par l'art. 1101 du Code Napoléon. Cet article est ainsi conçu :

« Le contrat est une convention par laquelle une ou plusieurs personnes s'obligent envers une ou plusieurs autres, à donner, à faire « ou à ne pas faire quelque chose. »

Cette définition est doublement inexacte. En effet, les contrats ne se bornent pas à engendrer des obligations, ils les éteignent (1) et en troisième lieu, ils sont translatifs de propriété. Or la définition de l'art. 1101 ne peut convenir qu'au contrat considéré comme source d'obligations, elle ne s'applique ni au contrat translatif de propriété, ni au contrat extinctif d'obligations. Voilà bien une première inexactitude. Mais, même en ne considérant le contrat que sous ce point de vue restreint, la définition de l'art. 1101 est encore incomplète, car elle ne convient qu'aux contrats unilatéraux. Le Code, en nous parlant du cas où *une ou plusieurs personnes s'obligent envers une ou plusieurs autres*, ne nous dit rien de celui où le contrat engendre des obligations réciproques.

SECTION II.

Division des Contrats.

Les contrats se divisent en synallagmatiques et unilatéraux, à titre

(1) M. Duranton ne considère pas comme un contrat la convention qui éteint les obligations, tom. X, nº 55.

gratuit et à titre onéreux, en nommés et innommés, en contrats solennels et non solennels.

§ 1er. — *Des Contrats synallagmatiques et unilatéraux.*

Il y a contrat synallagmatique ou bilatéral, lorsque les contractants s'obligent réciproquement les uns envers les autres. (Art. 1102). Tel est par exemple le contrat de louage. Le locateur s'oblige à faire jouir le locataire, moyennant un prix que celui-ci devra lui payer.

Les contrats synallagmatiques se divisent en *parfaits* et *imparfaits* : Le contrat synallagmatique parfait est celui dans lequel la réciprocité d'obligations existe dès la formation du contrat. Il est synallagmatique imparfait, quand la réciprocité, sans exister *ab initio*, pourra néanmoins se produire plus tard ; tel est par exemple le contrat de dépôt. Le dépositaire est seul engagé à l'origine ; mais si dans la suite il fait des dépenses à l'occasion de l'objet déposé, le déposant sera obligé de le rembourser.

L'art. 1103 définit le contrat unilatéral, celui dans lequel une ou plusieurs personnes s'engagent envers une ou plusieurs autres, sans que de la part de ces derniers il y ait engagement.

§ 2me. — *Des contrats à titre onéreux et à titre gratuit.*

« Le contrat de bienfaisance est celui dans lequel une partie procure à l'autre un avantage purement gratuit. » (Art. 1105).

L'art. 1106 définit le contrat à titre onéreux, celui qui assujettit *chacune des parties à donner ou à faire quelque chose*. On le voit, notre article confond le contrat à titre onéreux avec le contrat synallagmatique, ce qui est complétement inexact. Car s'il est vrai de dire que tout contrat synallagmatique est à titre onéreux, il ne faut pas conclure qu'eux seuls sont susceptibles d'avoir ce caractère. Ainsi le prêt à intérêt est bien un contrat unilatéral, puisque l'emprunteur seul s'oblige envers le prêteur, et il est clair cependant que c'est là un contrat à titre onéreux. Aussi remplacerons-nous la définition de l'art. 1106 par la suivante : Le contrat à titre onéreux est celui dans lequel chaque partie cherche à se procurer un avantage.

L'art. 1104 divise les contrats en commutatif et aléatoire ; ce n'est là qu'une subdivision des contrats à titre onéreux. Ici nous devons signaler dans le Code un défaut de méthode.

Le législateur, pour être logique, aurait dû d'abord, dans l'art. 1104, nous dire ce qu'il entendait par contrat à titre gratuit, définir le contrat à titre onéreux dans l'art. 1105 et subdiviser cette dernière classe de contrats en commutatifs et aléatoires dans l'art. 1106.

Quoi qu'il en soit, nous avons déjà dit, que le contrat à titre onéreux était celui dans lequel chaque partie entendait se procurer un avantage. Lorsque cet avantage sera certain, le contrat sera commutatif. Lorsqu'au contraire, cet avantage sera incertain pour quelqu'une ou pour les deux parties, le contrat sera aléatoire.

Le second paragraphe de l'art. 1104, qui définit le contrat aléatoire, renferme une inexactitude. Selon cette définition, le contrat n'est aléatoire, que si la chance de gains ou de pertes existe pour *chacune des parties*. Mais l'art. 1964 est venu corriger ce qu'il y avait de trop restrictif dans cette rédaction, en disant : « Le contrat aléatoire est une convention réciproque, dont les effets, quant aux avantages et aux pertes, soit pour toutes les parties, soit pour l'une ou pour plusieurs d'entre elles, dépendent d'un événement incertain. »

§ 3. — *Des contrats nommés et innommés.*

Les contrats nommés, sont ceux qui ont reçu une dénomination propre, tels sont la vente, le dépôt, le louage, etc., etc.

Les contrats innommés, sont ceux qui n'ont pas reçu de dénomination propre.

En Droit français, tous les contrats, qu'ils soient nommés ou innommés, sont obligatoires (art. 1107).

§ 4. — *Des contrats solennels et non solennels.*

On appelle contrats solennels, ceux dans lesquels le seul consentement des parties ne suffit pas pour créer le contrat, si ce consentement ne s'est pas manifesté suivant les formes établies par la loi.

Trois contrats seulement sont compris dans cette catégorie, ce sont : La donation (art. 932), le contrat de mariage (art. 1394), la constitution d'hypothèque (art. 2127). On doit en faire la preuve par la présentation du titre qui les constate.

Le contrat non solennel est celui qui se forme par le seul consentement, sans que ce consentement soit assujetti à des formes déterminées. Il pourra être prouvé par témoins, s'il s'agit de moins de 150 fr., et pour les sommes plus élevées, par acte sous seing-privé, ou par la preuve testimoniale, s'appuyant sur un commencement de preuve par écrit (art. 1341, 1347).

CHAPITRE II.

Des conditions essentielles pour la validité des contrats.

On distingue dans les contrats trois espèces de choses (1) : 1° les choses essentielles ; 2° les choses qui sont de la nature du contrat, mais que que l'on peut rejeter par une convention ; 3° les choses accidentelles et qui ne sont renfermées dans le contrat, que s'il y a une clause particulière à cet égard.

Le Code, dans l'art. 1108, mentionne les conditions essentielles à la validité de tout contrat. Ces conditions, au nombre de quatre, sont : 1° le consentement des parties ; 2° la capacité de contracter ; 3° un objet certain qui forme la matière de l'engagement ; 4° une cause licite dans l'obligation.

(1) Duranton., tom. X, p. 80. — Pothier, Traité des Obligations, nos 6, 7, 8.

On peut ajouter comme cinquième condition, indispensable dans certains cas, la solennité de la forme.

Le contrat qui ne réunit pas toutes ces conditions est tantôt nul ou *inexistant* et tantôt *annulable*. Le contrat est complétement nul lorsqu'il y a défaut absolu de consentement, d'objet certain qui forme la matière du contrat ou de capacité des parties contractantes. Il est encore inexistant, s'il repose sur une cause fausse ou illicite, s'il n'y a pas de cause.

Le contrat n'est qu'annulable lorsque le consentement est atteint d'un vice qui ne le détruit pas complétement, ou lorsque le défaut de capacité des parties peut être couvert. Ainsi, par exemple, un enfant en bas âge (*infans* ou *infantiæ proximus*) achète un objet, il n'y a pas de contrat, parce qu'il y a défaut absolu de consentement et de capacité. Au contrat, le contrat formé par une femme mariée, non autorisée de son mari, n'est qu'annulable.

Nous allons nous occuper successivement des conditions énumérées dans l'art. 1108.

Section première.

Du consentement.

§ 1. — *Du consentement et de la pollicitation.*

Consentir, c'est vouloir ce qu'un autre veut et nous propose de vouloir également. (1).

Tant que ce concours de volonté n'a pas lieu, il n'y a pas de consentement, il n'y a qu'une simple pollicitation de la part de celui qui propose de vouloir. Ainsi, un marchand de Paris écrit à un fabricant de Lyon pour lui acheter 100 mètres de telles soieries; le contrat ne sera formé que lorsque le fabricant de Lyon aura accepté; jusque-là, il n'y a qu'une offre de la part du marchand de Paris. Tant que cette accepta-

(1) Toullier, VI, nº 24.

tion ne sera pas intervenue, l'obligation n'existe ni pour l'une ni pour l'autre des parties ; le marchand pourra retirer son offre. Mais, dès que le fabricant aura accepté, le concours de volonté s'étant formé, il y aura contrat et, par suite obligation.

La difficulté consiste à savoir à partir de quel moment le concours sera réputé s'être effectué. Ainsi, dans l'espèce précitée, faudra-t-il que le fabricant de Lyon ait prévenu le marchand de Paris qu'il acceptait ses offres (1), ou bien devra-t-on dire que le contrat a existé, dès l'instant où le fabricant de Lyon s'est décidé à accepter l'offre du marchand de Paris, et a manifesté cette intention par des actes extérieurs?

MM. Duranton (XVI nº 45), Duvergier (vente, I, nº 58), Zachariæ (II, pag. 465), Championnière et Rigaud (I, nº 189), Marcadé (IV, nº 395), se prononcent pour cette dernière opinion, la seule conforme aux vrais principes. Ainsi par exemple dans notre espèce, il y aura contrat, lorsque le fabricant de Lyon aura commencé à faire emballer ses soieries pour les expédier sur Paris.

§ 5. — *Des vices du consentement.*

Les causes qui peuvent vicier le consentement sont :

1º L'erreur sur la substance de la chose ou sur la personne, quand c'est principalement en vue de la personne que l'on a contracté (art. 1110).

2º La violence (art. 1111-1115).

3º Le dol (art. 1116).

4º La lésion dans certains cas (art. 1118).

I. *De l'erreur.* — L'erreur est une croyance qui n'est point conforme à la vérité. Quand elle porte sur l'objet ou sur la nature de la convention, par exemple lorsque je crois recevoir à titre de donation le livre que

(1) Merlin (Réper. Vent. § 1, art. 3) ; Toullier, VI, nº 29 ; Pardessus, Droit Commercial, I, nº 250 ; Delvincourt, Troplong (Vente, nº 25), décident la question dans ce sens.

vous offrez de me vendre, ou si croyant acheter votre maison de Toulouse, vous croyez me vendre votre maison de Bordeaux, il n'y a pas de contrat, parce qu'il y a absence totale et non pas simple vice du consentement. Mais si l'erreur porte soit sur la substance de la chose, soit sur la personne, lorsque c'est en considération de la personne que l'on a contracté, elle n'empèche pas le contrat d'exister seulement, elle le rend annulable.

Qu'entend-on en Droit par substance d'une chose? C'est la qualité de cette chose, que les parties avaient principalement en vue en contractant. Voici l'exemple cité par Pothier (n° 18) :

Voulant acheter une paire de chandeliers d'argent, j'achète de vous une paire de chandeliers, que vous me présentez à vendre, que je prends pour des chandeliers d'argent, quoiqu'ils ne soient que de cuivre argenté. Quand même vous n'auriez aucun dessein de me tromper, étant dans la même erreur que moi, la convention sera nulle, parce que la croyance dans laquelle j'ai été détruit mon consentement.

Remarquons que Pothier considérait l'erreur sur la substance comme destructive de tout consentement; aussi il dit que la convention est nulle; tandis que d'après le Code, l'erreur sur la substance ne fait que vicier le consentement et rendre le contrat annulable.

Si l'erreur ne tombe que sur les qualités accidentelles de la chose, le contrat ne pourra point être annulé. Même décision pour le cas où l'erreur tombe sur les motifs. Cependant Pufendorf soutenait l'opinion contraire et considérait l'erreur sur les motifs comme une cause de nullité des contrats (1).

Le Code, reproduisant la doctrine de Pothier (19), nous dit que l'erreur sur la personne ne vicie le consentement que si c'est en considération de la personne, que l'on voulait contracter, ou plus exactement que l'on a contracté (2).

(1) Pothier, n° 20.

(2) Duranton, tom. X, pag. 90 à la note.

Il suit de là évidemment qu'une libéralité faite à une personne que l'on prenait pour une autre, pourra être annulée comme entachée d'erreur ; car les donations sont généralement faites en vue de la personne du donataire. Tous les auteurs sont d'accord sur ce point (1). Quant aux transactions, elles *pourront aussi être rescindées* pour cause d'erreur dans la personne (art. 2053). La question de savoir si, en transigeant, les parties avaient les personnes en vue, est une question de fait laissée à l'appréciation des juges.

Jusqu'ici nous n'avons parlé que de l'erreur de fait ; mais que déciderons-nous par rapport à l'erreur de droit? quel sera son effet sur les conventions?

D'abord, disons que l'erreur de droit n'empêche pas le consentement et que la seule question à examiner, est de savoir si elle vicie ce consentement. Cette question doit se résoudre affirmativement ; le Code, en parlant de l'erreur, n'a point distingué entre l'erreur de fait et l'erreur de droit. Or, on ne peut admettre ni une distinction, ni une exception qui ne sont pas dans la loi (2). Dans l'ancien Droit, cette question avait été décidée dans le même sens par Domat, Pothier, le chancelier d'Aguesseau et par un arrêt du parlement de Metz, du 27 juillet 1691, rapporté par Augeard.

Mais, pour que le consentement soit vicié par l'erreur de droit, il faut, comme le fait remarquer Toullier (nº 67), que cette erreur soit la cause principale ou le seul fondement du contrat. Car, si le contrat était destiné à satisfaire une obligation naturelle, il ne pourrait être annulé.

La règle que l'erreur de droit vicie le consentement, reçoit exception dans les deux cas des art. 1356 et 2052.

2º *De la violence et de la crainte.* — De même que l'erreur, la violence doit être envisagée sous un double point de vue. Elle peut ou avoir em-

(1) Duranton, tom. X, nº 120 ; Toullier, VI, nº 51 ; Delvincourt, tom. II, page 460.

(2) Toullier VI, nº 59 ; Duranton X, nº 126.

pêché toute espèce de consentement, et dans ce cas le contrat n'existe pas, ou bien avoir vicié le consentement, et dans ce cas le contrat est annulable. Par exemple, si on me prend violemment la main pour me forcer à signer un acte, on ne peut pas dire qu'il y eût de ma part le moindre consentement, le contrat n'existe pas. Le Code ne s'occupe que de la violence, considérée comme faisant naître dans le consentement un vice qui permet de faire annuler le contrat. Notre législateur n'a eu en vue que la crainte, qui en agissant sur la volonté, la détermine à consentir à un mal moindre pour en éviter un plus grand. Telle serait l'espèce suivante : Un brigand robuste me présente un pistolet, au coin d'un bois, et me fait signer un billet par lequel je me reconnais son débiteur de 50,000 fr. Il est clair qu'il y a eu volonté de ma part, puisque entre deux maux, j'ai choisi le moindre. Mais cette volonté n'ayant pas été libre, je pourrai me faire relever de mon obligation.

Pour que la violence vicie l'obligation consentie sous une telle influence, il n'est pas nécessaire qu'elle émane de la personne même envers qui l'engagement a été contracté. (Art. 1111).

Il y aura violence, dans le sens de la loi, toutes les fois que pour contraindre la personne à contracter, on lui aura imprimé la crainte raisonnable, quant à elle, de s'exposer inévitablement à un mal considérable (Art. 1112).

Pothier, reproduisant les principes du Droit Romain, disait que la violence devait être de nature à faire impression sur une personne courageuse : *Metus non vani hominis, sed qui in homine constantissimo cadat.*

Le Code s'est montré beaucoup plus logique dans ses exigences :

« La violence, nous dit l'art. 1113, a une cause de nullité du con-
» trat, non-seulement lorsqu'elle a été exercée sur la partie contractante,
» mais encore lorsqu'elle l'a été sur son époux, sur son épouse, sur ses
» descendants ou ascendants. »

On s'est demandé, à propos de cet article, s'il était ou non limitatif ? Je ne crois pas qu'il soit limitatif, et il me semble que l'on devrait l'appliquer au cas où la violence serait exercée sur un frère ou une sœur.

Telle devait être sans doute l'opinion de Pothier qui, sans faire d'énumération , ne parlait que des enfants et des proches (1).

« La seule crainte révérentielle envers le père, la mère ou autre « ascendant, sans qu'il y ait eu de violence, ne suffit pas pour an- « nuler le contrat. » (Art. 1114).

Remarquons que le Code ne parle que de la seule crainte révérentielle, et que le contrat serait annulable si l'ascendant avait employé des menaces ou de mauvais traitements pour obtenir le consentement de son enfant. C'est ainsi que la cour de Bruxelles, par un arrêt du 22 août 1808, a déclaré nul un contrat de cession consenti par une fille enceinte, que sa mère tenait renfermée, avec menace de ne point la secourir dans les douleurs de l'enfantement, si elle refusait de signer le contrat. (2).

Dans l'ancien Droit, le parlement de Provence, par un arrêt du 8 janvier 1582, et celui de Dijon, par un arrêt rendu le 11 juillet 1601, ont décidé que la seule crainte maritale n'était pas suffisante pour faire rescinder un contrat. Evidemment la question doit être décidée dans le même sens aujourd'hui. (3).

3o *Du Dol.* — Le dol a été défini par le jurisconsulte Labéon : *Omnis calliditas, fallacia, machinatio, ad circumveniendum, fallendum, decipiendum alterum adhibita.* (4). Le dol est une cause de rescision des conventions, mais pour cela il faut :

1o Qu'il émane de la partie elle-même envers qui on s'est obligé.

2o Qu'il soit évident que sans ces manœuvres l'autre partie n'aurait pas contracté ;

3o Que le dol soit prouvé ; il ne se présume pas. (Art. 1116).

On doit distinguer le dol principal et le dol incident. On appelle

(1) Conf. Marcadé IV, no 415. — Contrà Duranton, X, no 152.

(2) Toullier VI, page 91, note 2.

(3) Duranton X, no 155.

(4) L 1re, § 2me, de dolo malo.

dol principal, celui qui a donné naissance au contrat, c'est le seul qui puisse permettre d'annuler le contrat. Il y a simplement dol incident, dit M. Duranton (nº 171), toutes les fois qu'une personne avait bien l'intention de contracter, par exemple, parce qu'elle en avait fait elle-même la proposition, mais qu'elle a été trompée par l'autre partie sur quelqu'une des conditions du contrat. Le dol incident peut donner lieu à des dommages-intérêts.

L'art. 1117 nous dit : « La convention contractée par erreur, vio-
« lence ou dol, n'est point nulle de plein droit ; elle donne seulement
« lieu à une action en nullité ou rescision, dans les cas et de la
« manière expliquée à la section VI du chapitre V du présent titre. »

Cet article doit être complété par l'art. 1304.

4º *De la Lésion.* — Le législateur, dans l'art. 1118, prévoit deux cas.

1º Il est certains contrats dans lesquels la lésion permet de les faire annuler à l'égard de toutes personnes.

2º Il est certaines personnes qui lorsqu'elles ont été lésées par un contrat, peuvent le faire annuler, quelle qu'en soit la nature.

Les certains contrats dont parle notre article, sont le partage et la vente d'immeubles. La lésion du plus du quart rend le partage annulable. (Art. 887 et 1079). Pour la vente d'immeubles, la lésion doit être de plus des sept douzièmes, et le vendeur seul peut l'invoquer. (Art. 1674 et 1683).

Les certaines personnes dont il est question en l'art. 1118, sont les mineurs. Quant à eux, la lésion est toujours une cause de rescision, quelle que soit la nature du contrat. (1)

Section II.

De la capacité des parties contractantes.

En Droit Romain on peut dire que l'incapacité de contracter, était la rè-

(1) Antérieurement au Code, une loi du 9 fructidor an III, avait supprimé l'annulation pour lésion, quant aux majeurs.

gle, et la capacité l'exception. En Droit Français au contraire, la capacité constitue la règle, et l'incapacité l'exception. Toute personne peut contracter, si elle n'en est pas déclarée incapable par la loi, dit l'art. 1123. Et après avoir posé ce grand principe, le législateur nous donne, dans l'art. 1124, la nomenclature des incapables. Ce sont les mineurs, les interdits, les femmes mariées dans les cas exprimés par la loi, et généralement tous ceux à qui la loi a interdit certains contrats. De même que Pothier, nous diviserons les incapacités en naturelles et civiles.

§ 1. — *Des incapacités naturelles.*

1° *Des mineurs.* — « Le mineur est l'individu de l'un et de l'autre sexe, » qui n'a point encore vingt-un ans accomplis. (art. 388) ». (1)

Disons d'abord que les enfants dont l'intelligence n'est pas encore suffisamment formée, dépourvus de l'*animi judicium*, ne peuvent ni s'obliger ni obliger les autres envers eux.

Le Code divise les mineurs en deux catégories, les mineurs émancipés et les mineurs non émancipés.

Les mineurs non émancipés sont incapables de s'obliger, mais ils obligent les autres envers eux. Quant au mineur émancipé, il sera valablement obligé, si l'obligation qu'il a contractée est relative à un simple acte d'administration (art. 481). Mais par rapport aux autres actes, il pourra en demander la rescision pour cause de lésion comme le mineur ordinaire (art. 1305).

2° *Des interdits.* — L'interdit est le majeur, qui se trouvant dans un état habituel de démence ou d'imbécillité, est privé par un jugement de l'exercice de sa capacité, et placé au rang des mineurs (art. 489).

L'incapacité de l'interdit, de même que celle du mineur et de la femme mariée, n'est que relative. Il peut l'opposer à ceux avec qui il a contracté,

(1) Dans l'ancien Droit, l'Edit sur les tutelles du mois de décembre 1732, art. 53, fesait durer la minorité jusqu'à 25 ans.

mais elle ne peut pas lui être opposée. — Remarquons que l'art. 1305 ne s'applique point aux interdits, et qu'ils peuvent faire annuler le contrat sans prouver qu'il y a eu lésion. Une fois l'interdiction prononcée, les parties adverses ne pourront pas alléguer que l'acte dont il s'agit, a été fait pendant un intervalle lucide. — Quant aux actes antérieurs au jugement d'interdiction, ils devront être annulés si l'on peut prouver qu'à l'époque du contrat, la cause de l'interdiction existait déjà.

§ II. — *Des incapacités civiles.*

Il est certaines personnes qui, bien que naturellement capables de contracter, sont privées, de cette capacité par les lois civiles ou criminelles. Telles sont les femmmes mariées, qui ne peuvent pas contracter sans autorisation de leurs maris ; les prodigues pourvus d'un conseil judiciaire (art. 583), ceux qui, en vertu de l'article 29 du Code pénal et des articles 2 et 3 de la loi du 31 mai 1854, sont frappés de l'interdiction légale ; et enfin tous ceux à qui la loi a interdit certains contrats. Telle est par exemple l'incapacité relative, dont est frappé le tuteur, vis-à-vis de son pupille, par l'article 450 du Code Napoléon.

Le mineur, l'interdit et la femme mariée, dit l'art. 1125, ne peuvent attaquer leurs engagements pour cause d'incapacité, que dans les cas prévus par la loi. Ils devront se conformer aux conditions prescrites par l'art. 1304 ; il faut de plus pour le mineur qu'il ne se trouve pas sous le coup des art. 1306, 1308, 1309, 1310 et 1311 C. N.

SECTION III.

De l'objet des conventions.

Il est évident qu'un contrat ne peut pas exister, s'il n'y a pas d'objet qui en fasse la matière. Tantôt telle partie s'obligera à donner, tantôt elle s'obligera à faire ou à ne pas faire quelque chose ; et si le contrat est synallagmatique, il pourra y avoir plusieurs objets dans la convention. (1126). Le simple usage ou la possession peuvent être, comme la chose elle-même, l'objet du contrat (1127).

Toutes les choses corporelles ou incorporelles, présentes ou futures, qui sont dans le commerce, sont susceptibles de former l'objet d'un contrat. Ainsi, je peux vous vendre ma récolte de vin de l'année prochaine, moyennant un prix déterminé d'avance. Cependant, par exception à cette règle, les successions non ouvertes ne peuvent jamais être la matière d'une convention (791). Le Code a considéré que de telles stipulations seraient le plus souvent contraires à la morale. La loi Romaine avait aussi prohibé toutes les conventions relatives à des successions futures, même par contrat de mariage (1). Notre ancien Droit et le Code Napoléon se sont montrés à cet égard moins sévères que le Droit Romain. C'est ainsi que chez nous les institutions contractuelles sont permises (art. 1082 et 1083 C. N.). On peut encore convenir par contrat de mariage que les successions du chef des époux tomberont dans la communauté ou qu'elles en seront exclues.

La règle que les choses futures peuvent être l'objet des contrats, reçoit une seconde exception pour la vente des blés ou grains en vert. Une loi du 6 messidor an III a prohibé toutes les ventes de grains en vert et pendant par racines, sous peine de confiscation des fruits et grains vendus (2). Dans notre ancien Droit, la vente des laines, avant la tonte, était prohibée par des réglements qui ne sont plus en vigueur.

L'objet de toute convention doit être : 1o possible ; 2o déterminé ; 3o dans le commerce.

§ 1. — *Des choses impossibles.*

Impossibilium nulla est obligatio, disait la loi Romaine, et c'est là un principe d'une vérité évidente ; l'énoncer c'est le démontrer.

(1) L. 15. Cod. de Pactis.

(2) Cette prohibition remonte fort loin, on la trouve établie dans les Capitulaires de Charlemagne.

L'impossibilité peut être naturelle ou morale, absolue ou relative. Il y a impossibilité naturelle, lorsqu'il s'agit de choses qui n'existent pas, et impossibilité morale lorsque la chose est contraire aux bonnes mœurs ou défendue par la loi (art. 1132-1172). *Nam facta quæ lædunt pietatem, existimationem, verecundiam nostram, et (ut generaliter dixerim) contra bonos mores fiunt; nec facere nos posse credendum est* (1).

L'impossibilité est absolue lorsqu'elle existe à l'égard de tout le monde, elle est relative lorsqu'elle n'existe que pour quelques personnes déterminées. Telle, par exemple, celle qui résulte de l'art. 176 du Code Pénal, dans lequel il est fait défense à tous les commandants militaires, préfets, sous-préfets, de faire, dans les lieux où leur autorité s'exerce, le commerce des grains, boissons, etc., etc., autres que ceux provenant de leurs propriétés, sous peine d'amende et de confiscation des denrées.

Les choses et les actions d'autrui sont considérées comme choses impossibles, car elles ne sont point en notre pouvoir, dès lors elles ne peuvent pas être l'objet d'un contrat (2). La vente et le legs de la chose d'autrui étaient permis en Droit Romain, mais le Code a consacré le principe contraire dans l'art. 1021 pour les legs et dans l'art. 1599 pour les ventes.

Les contrats qui auraient pour objet le fait d'autrui sont aussi prohibés par le Code dans l'art. 1119. Cet article est ainsi conçu : « On ne peut » en général s'engager, ni stipuler en son propre nom que pour soi- » même. » Puis l'art. 1120 ajoute : « Néanmoins, on peut se porter fort » pour un tiers, en promettant le fait de celui-ci; sauf l'indemnité contre » celui qui s'est porté fort ou qui a promis de faire ratifier, si le tiers » refuse de tenir son engagement. »

M. Marcadé (IV n° 430 et suivants) soutient avec raison que le principe posé par l'art. 1120 détruit en grande partie la règle de l'art. 1119. En

(1) L. 15 de Condit. Institutionum.
(2) Toullier., n° 130.

effet, quelqu'un *s'obligeant* à ce qu'un tiers fasse ou ne fasse pas telle chose, ne promet-il pas par cela même, sous sa propre garantie, que le tiers fera ce dont il s'agit? On ne comprend guère qu'il en soit autrement. Cependant la généralité des auteurs adopte une opinion contraire à celle de M. Marcadé (1). Dans l'art. 1121, le législateur pose une exception au deuxième principe de l'art. 1119, que l'on ne peut stipuler en son propre nom que pour soi-même (stipuler se prend ici dans son sens propre, par opposition à s'engager). « On peut stipuler au profit d'un tiers, » lorsque telle est la condition d'une stipulation que l'on fait pour soi-» même ou d'une donation que l'on fait à un autre. Celui qui a fait cette » stipulation ne peut plus la révoquer, si le tiers a déclaré vouloir en » profiter. » Ainsi, par exemple, je vous donne ma maison de Toulouse, à condition que vous ferez à Pierre une rente annuelle de 500 fr. C'est là une convention qui est parfaitement valable; en acceptant la donation, vous vous êtes engagé à en exécuter toutes les charges, et si vous ne payez pas la rente de Pierre, je pourrais intenter contre vous l'action résolutoire. On voit par la fin de l'art. 1121 que la stipulation faite au profit de Pierre, constitue à son égard une véritable donation qui ne deviendra parfaite que par son acceptation.

§ 2. — *Des choses indéterminées.*

Il faut que l'obligation ait pour objet une chose au moins déterminée quant à son espèce, dit l'art. 1129-1°. De là, il résulte que la détermination du genre ne suffirait pas. Si par exemple, je m'engage à donner un animal, il n'y a pas obligation, parce que cette obligation pourrait se réduire à presque rien, à un moucheron, un vermisseau, et que dans l'ordre moral presque rien est regardé comme rien : *Pœnè nihil nihilo æquiparatur*. Mais si je m'engage à vous donner un cheval, il y aura

(1) Toullier VI, n° 135 ; Delvincourt, Duranton X, n° 209 ; Zachariæ II, p. 478.

obligation, bien que je n'aie pas dit quel est le cheval que je veux vous donner. Dans ce cas, le choix appartient au débiteur, s'il n'y a convention contraire (art. 1190).

Lorsqu'il s'agit de choses qui se pèsent, se mesurent ou se comptnet, la quotité doit en être déterminée. Il n'y aurait point obligation si je m'engageais à vous fournir de l'*argent*. L'obligation deviendra valable, si la quotité, quoique incertaine, est déterminable (art. 1129-2°). Tel serait l'engagement que j'aurais pris envers Paul de lui fournir le pain et le vin nécessaires à sa nourriture pendant un an (1).

§ 3. — *Des choses qui sont dans le commerce.*

Le Code Napoléon, par choses qui sont dans le commerce, entend parler des choses sur lesquelles il est permis de trafiquer. Il suit de là que l'on ne doit pas comprendre dans cette catégorie :

1° Les biens faisant partie du domaine public, tels que les routes impériales, les fleuves navigables ou flottables ;

2° Les édifices affectés à un service public, tels que, les hôtels de ville, les temples consacrés aux différents cultes reconnus par l'Etat ;

3° Les faits illicites ;

4° Les personnes et leur état civil.

Quant aux biens de l'Etat considéré comme simple propriétaire, ils sont assimilés aux biens des particuliers.

SECTION IV.

De la cause des contrats.

En Droit, on entend par cause d'une obligation, le motif dernier et immédiat de cette obligation.

(1) Pothier, n° 131.

Dans le contrat synallagmatique, la cause de l'obligation d'une partie est toujours l'obligation de l'autre partie. Dans le contrat de bienfaisance, la cause consiste dans le désir de faire du bien à la personne envers qui l'on s'oblige.

Les obligations sans cause, sur fausse cause ou sur une cause illicite, sont déclarées nulles, inexistantes par le Code. (Art. 1131).

La Cour de Cassation a jugé qu'une dette naturelle pouvait servir de cause à une obligation civile. (1).

La fausseté de la cause et le défaut absolu de cause, ont le même effet, dit Pothier, celui de rendre nulle l'obligation. Ainsi mon père vous a légué sa bibliothèque, nous convenons ensemble que je garderai la bibliothèque et que je vous donnerai à la place une collection de tableaux. Plus tard, je découvre un testament postérieur, dans lequel mon père a révoqué le legs qu'il vous avait fait; mon obligation de vous donner les tableaux se trouve nulle pour fausse cause.

L'obligation est encore nulle quand elle repose sur une cause illicite, c'est-à-dire contraire aux lois, aux bonnes mœurs et à l'ordre public. (Art. 1133).

Lorsque la convention est rédigée par écrit, il n'est pas nécessaire, pour qu'elle soit valable, que la cause en soit exprimée. (1132). Dans l'ancienne jurisprudence, la question était controversée. Le parlement de Paris a jugé qu'un contrat était nul, et ne pouvait être mis à exécution, parce qu'il n'apparaissait pas pour quelle cause il avait été fait. (2) La question fut décidée dans le même sens par

(1) 3 juillet 1811. — Cet arrêt a été rendu à propos de rentes entachées de féodalité et supprimées comme telles par les lois de 1793. Depuis cette suppression, le débiteur s'était librement engagé à les servir; plus tard, il essaya de faire annuler son obligation, sous prétexte qu'elle n'avait pas de cause. — Il fut repoussé dans ses prétentions.

(2) Arrêts du 13 février 1511 et du 16 mai 1650.

le Parlement de Flandre. (1) Cette doctrine n'était pas admise partout, elle était rejetée notamment par le Parlement de Toulouse, qui fit prévaloir, dans plusieurs arrêts, le principe reproduit dans l'art. 1132. (2) Mais une question fort grave s'est élevée à propos de cet article. Si la convention n'énonce pas la cause et que le débiteur refuse de l'acquitter par ce motif, est-ce au créancier à prouver que la cause existe réellement, ou bien au débiteur d'établir qu'elle n'existe pas? Cette question a divisé les interprètes. MM. Duranton, Pigeau, Delvincourt, décident que le fardeau de la preuve incombera au créancier. Toullier répond avec raison que c'est au débiteur à prouver, car les nullités ne se présument pas.

CHAPITRE III.

De l'effet des Conventions.

Les conventions légalement formées tiennent lieu de lois à ceux qui les ont faites, dit l'art. 1134.

Des expressions de cet article, faut-il conclure que le jugement en dernier ressort qui interprète mal la convention puisse donner lieu à un recours en cassation ? Décider la question affirmativement serait tomber dans une grave erreur. La fausse interprétation d'un contrat constitue un mal-jugé, qui ne pourrait être réformé que par la voie de l'appel ; or, la Cour de Cassation n'est point un tribunal d'appel. Instituée pour réprimer les violations faites à la loi générale, cette cour ne juge pas (3). Mais si le tribunal ou la cour, jugeant en dernier resssort, avaient, en interprétant mal un contrat, violé la loi générale, dans ce cas la voie de la cassation serait ouverte.

(1) Arrêt du 19 mars 1671.

(2) Merlin. Questions de Droit, Ier volume, pag. 579 et suiv.

(3) Duranton, X, n° 379 et 380.

Les conventions ne peuvent être révoquées que du consentement mutuel des parties ou pour les causes que la loi autorise (art. 1134). Remarquons que ces révocations n'auront jamais d'effets rétroactifs. Je vends à Paul ma propriété de Normandie ; plus tard nous convenons que cette vente sera résolue : par l'effet de cette résolution je redeviendrai propriétaire ; mais tous les droits qui pourront avoir été consentis par Paul, pendant qu'il était propriétaire, subsisteront contre moi. En d'autres termes je serai propriétaire *ex causa nova* et non *ex causa antiqua*. Au point de vue de l'enregistrement il y aura lieu à la perception de nouveaux droits de mutation.

Les distinctions Romaines entre les contrats *stricti juris* et les contrats *bonæ fidei* n'existent plus dans notre Droit. La loyauté doit présider à l'interprétation comme à la formation de tous les contrats. (Art. 1134—3o).

SECTION PREMIÈRE.

De l'interprétation des conventions.

Pothier (numéro 91 à 102) donnait douze règles pour l'interprétation des conventions. Ces règles ont été reproduites par le Code, à l'exception des 9me 11me et 12me, qui n'ont pas une grande importance. Nous ne citerons que les dix premières.

1re Règle. — On doit dans les conventions, rechercher quelle a été la commune intention des parties contractantes, plutôt que le sens grammatical des termes (art. 1156).

2me Règle. — Lorsqu'une clause est susceptible de deux sens, on doit plutôt l'entendre dans celui avec lequel elle peut produire quelque effet, que dans le sens avec lequel elle n'en pourrait produire aucun (art. 1157).

3me Règle.—Lorsque dans un contrat, des termes sont susceptibles de deux sens, on doit les entendre dans le sens qui convient le plus à la nature du contrat (art. 1158).

4me Règle. — Ce qui peut paraître ambigu dans un contrat, s'interprète par ce qui est d'usage dans le pays (art. 1159).

5me Règle. — Pour l'interprétation des conventions, ou sous entend dans les contrats les clauses qui sont d'usage, quoiqu'elles n'y soient pas exprimées (art. 1160).

6me Règle. — Les clauses des conventious s'interprètent les unes par les autres, en donnant à chacune le sens qui résulte de l'acte entier (art. 1161).

7me Règle. — Dans le doute, les conventions s'interprètent contre celui qui a stipulé, et en faveur de celui qui a contracté l'obligation (art. 1162).

8me Règle. — Quelque généraux que soient les termes dans lesquels une convention est conçue, elle ne comprend que les choses sur lesquelles les parties se sont proposé de contracter (art. 1163).

9me Règle. — Lorsque l'objet de la convention est une universalité de choses, elle comprend toutes les choses particulières qui composent cette universalité, même celles dont les parties n'avaient pas connaissance.

10me Règle. — Lorsque dans un contrat, on a exprimé un cas, pour le doute qu'il y aurait pu avoir, si l'engagement qui résulte du contrat s'étendait à ce cas, on n'est pas censé par là, avoir voulu restreindre l'étendue que cet engagement a de droit, à tous ceux qui ne sont pas exprimés (art. 1167).

Section II.

De l'Obligation de donner.

Donner, se prend ici dans le sens du mot latin *dare*, qui signifie transférer la propriété à quelque titre que ce soit.

§ I. — *Théorie du droit Romain et de l'ancienne jurisprudence, en cette matière.*

En Droit Romain, les contrats n'étaient point translatifs de propriété : on ne devenait propriétaire que par une suite d'opérations successives. Il fallait, 1o le consentement, 2o du consentement naissait le contrat, si toutes les formalités avaient été remplies, 3o du contrat résultait l'obligation. En vertu de cette obligation, l'acheteur ou donataire, pouvait exercer une action contre le vendeur ou donateur, pour se faire livrer la chose, et ce n'est que lorsque cette tradition était faite que la propriété lui était transférée.

L'ancienne jurisprudence avait admis la théorie romaine : le contrat de vente, dit Pothier, s'exécute de la part du vendeur, par la tradition ou la délivrance de la chose vendue (1). Seulement la pratique avait singulièrement modifié ces principes par l'admission de la tradition feinte. C'est ainsi que, suivant l'article 278, de la coutume d'Orléans, la simple clause de *dessaisine saisine*, inscrite dans un acte, avait le même effet que la tradition. (2) Cependant certaines coutumes n'admettaient pas la tradition feinte, on les appelait coutumes de nantissement. Telles étaient celles de Clermont, de Laon, de Senlis. (3)

§ 2. — *Principes nouveaux admis par le Code Napoléon.*

Le Code Napoléon, renonçant tout à fait à la théorie romaine, est venu déclarer que la propriété serait toujours transférée, par le seul effet du consentement. Tel est le sens définitif de l'article 1138 ainsi conçu :

« L'obligation de livrer la chose est parfaite, par le seul consentement des parties contractantes. »

« Elle rend le créancier propriétaire, et met la chose à ses risques, » dès l'instant où elle a dû être livrée, encore que la tradition n'en ait

(1) Traité du contrat de vente, partie V, chapitre 1er au commencement.

(2) Id., no 313.

(3) Commentaire sur la coutume du comté et pays de Poitou, par Jacques Boucheul, tom. II, pag. 142.

» point été faite, à moins que le débiteur ne soit en demeure de la li-
» vrer, auquel cas la chose reste aux risques de ce dernier. »

Il n'est peut-être pas dans le Code un article dont la rédaction soit plus embrouillée et plus incorrecte que celle de notre article 1138.

En rédigeant l'art. 1138, le législateur n'avait eu en vue que les obligations de donner relatives aux meubles. On se demanda, naturellement, si l'on appliquerait le même principe aux immeubles.— L'examen de cette question fut renvoyé à un autre temps, et c'est alors que fut rédigé l'art. 1140 : « Les effets de l'obligation de donner ou de livrer un
» immeuble, sont réglés au titre de la vente et au titre des priviléges et
» hypothèques. »

Quoique le titre des hypothèques où est traité ce point de droit, soit en dehors de notre sujet, il nous faut dire, en quelques mots, quel est l'état de la législation en cette matière.

La loi hypothécaire de brumaire an VII (art. 26), décidait que la propriété d'un immeuble ne serait transférée à l'égard des tiers, que par la transcription du titre, au bureau du conservateur de hypothèques de la situation des biens. C'était là une disposition fort sage, qui malheureusement ne fut pas maintenue par le Code.

Le Code appliqua l'art. 1138 aux immeubles comme aux meubles, et la propriété fut toujours transférée par le seul consentement, excepté dans le cas de donation. Il n'est pas besoin de dire à combien de fraudes ce système a donné lieu.

Bientôt les acheteurs ne firent plus transcrire; le Trésor souffrait de cet état de choses. Aussi, lors de la rédaction du Code de Procédure Civile, on chercha, dans un but tout fiscal, à rendre la transcription utile aux parties. C'est ce qui donna naissance à l'art. 834 de ce Code, qui établit un système mixte entre la loi de brumaire et le régime du Code Napoléon (1).

(1) Cet art. 834 ne produisit pas tout l'effet qu'on en attendait, et dans l'art. 54, de la loi de finances du 28 avril 1816, on inséra la disposition suivante : « Dans tous les

D'après l'art. 834 du Code de Procédure, les tiers à qui le vendeur a consenti des hypothéques antérieurement à la vente, peuvent prendre inscription pendant les quinze jours qui suivent la transcription du titre translatif de propriété.

La loi nouvelle du 23 mars 1855, abroge l'art. 834 et rétablit, dans son art. 3, le système de la loi de brumaire. C'était là une innovation réclamée depuis longtemps par la généralité des auteurs, des Cours Impériales et des Facultés de Droit. La loi du 23 mars dernier sera mise à exécution à partir du 1er janvier 1856.

§ 3. — *Des obligations accessoires à l'obligation de donner..*

L'obligation de donner une chose emporte celle de la livrer et de la conserver jusqu'à la livraison, à peine de dommages-intérêts envers le créancier. (Art. 1136.)

L'obligation de délivrer les immeubles est remplie de la part du débiteur, lorsqu'il a remis les clés, s'il s'agit d'un bâtiment, ou lorsqu'il a remis les titres de propriété, quelle que soit la nature de l'immeuble. (Art. 1605.) Quant à la délivrance des effets mobiliers, elle est déterminée dans l'art. 1606, au titre de la vente. Pour les créances sur un tiers, la délivrance s'opère, entre le cédant et le cessionnaire, par la remise du titre.

Mais, pour bien connaître toute la responsabilité du vendeur ou donateur, il faut savoir de quelles fautes il est tenu.

En Droit Romain on distinguait trois degrés de fautes : la faute lourde (*culpa lata*), la faute légère (*culpa levis*), la faute très légère (*culpa levis-*

» cas où les actes seront de nature à être transcrits au bureau des hypothèques, le
» droit sera augmenté d'un et demi pour cent, et la transcription ne donnera plus lieu
» à aucun droit proportionnel. »

sima). Dans les contrats faits dans l'intérêt exclusif du créancier, comme par exemple le dépôt, le débiteur n'était tenu que de la faute lourde que l'on assimilait au dol. Si le contrat, tel que la vente, avait été formé dans l'intérêt des deux parties, le vendeur était tenu de la faute légère. Enfin, si l'avantage résultant du contrat ne profitait qu'au débiteur, il était tenu *levissima culpa* (1).

« Cette division des fautes, disait M. Bigot-Préameneu dans son ex-
» posé des motifs, est plus ingénieuse qu'utile dans la pratique ; il n'en
» faut pas moins à chaque faute vérifier si l'obligation du débiteur est
» plus ou moins stricte, quel est l'intérêt des parties, comment elles
» ont entendu s'obliger ; quelles sont les circonstances.

» Lorsque la conscience du juge a été ainsi éclairée, il n'a pas besoin
» de règles générales pour prononcer suivant l'équité. La théorie dans
» laquelle on divise les fautes en plusieurs classes, sans pouvoir les dé-
» terminer, ne peut que répandre une fausse lueur et devenir la ma-
» tière de contestations plus nombreuses. L'équité elle-même répugne à
» des idées subtiles. On ne la reconnaît qu'à cette simplicité qui frappe
» à la fois l'esprit et le cœur. » (2).

D'après les principes du Code, celui qui est obligé de veiller à la conservation d'une chose, doit toujours y apporter les soins d'un bon père de famille, soit que la convention n'ait pour objet que l'utilité d'une des parties, soit qu'elle ait pour objet leur utilité commune. (Art. 1137).

« Cette obligation, ajoute le 2e paragraphe de notre article, est plus ou
» moins étendue relativement à certains contrats dont les effets à cet
» égard sont expliqués sous les titres qui les concernent. »

Les exceptions que prévoit ce 2e §, se bornent au cas de dépôt. Art. 1917.)

D'un autre côté, si la chose périt par cas fortuit ou force majeure, la

(1) Cette théorie des fautes, quoique très-ingénieuse, est loin d'être admise par tous les interprètes.

(2) Séance du 6 pluviose an XII. — Locré, tom. XII, pag. 257.

perte est supportée par le créancier, suivant la règle *res perit domino*, de même qu'il profite de tous ses accroissements.

Section III.

De l'obligation de faire ou de ne pas faire.

« Toute obligation de faire ou de ne pas faire se résout en dommages-» intérêts de la part du débiteur. » (Art. 1142.)

La loi a adopté la maxime romaine : *Nemo præcise potest cogi ad factum*. L'admission du principe contraire eût porté une grave atteinte à la liberté individuelle. Mais le créancier peut demander la destruction de ce qui aurait été fait par contravention à l'engagement lorsque cela est possible. (1143.) Il peut aussi, en cas d'inexécution, demander l'autorisation de faire exécuter lui-même aux dépens du débiteur. (1144.)

Section IV.

De l'effet des conventions à l'égard des tiers.

Il est un principe qui domine toute cette section : c'est que les conventions n'ont d'effet qu'entre les contractants et qu'elles ne peuvent nuire aux tiers (art. 1165).

1o De là il suit que les créanciers des parties peuvent attaquer en leur nom les contrats faits en fraude de leurs droits (art. 1167).

Pour que l'action révocatoire soit admise, il faut la réunion de deux conditions :

1o Fraude de la part du débiteur ;

2o Préjudice éprouvé par les créanciers par suite du contrat.

Remarquons que cette action révocatoire n'est accordée aux créanciers que subsidiairement et dans le cas seulement où les autres biens du débiteur ne suffisent pas pour payer ses dettes. De plus, on peut leur opposer le bénéfice de discussion, c'est-à-dire que les tiers, contre lesquels les créanciers forment l'action révocatoire, peuvent exiger qu'ils s'adressent préalablement à leur débiteur pour se faire payer sur les biens qui sont encore en sa possession. Mais la Cour de Cassation a décidé, par un arrêt du 22 mars 1809, que le défendeur en révocation, qui n'a pas demandé la discussion des autres biens du débiteur, est censé avoir reconnu son insolvabilité, et les juges peuvent prononcer la révocation sans ordonner, avant de faire droit, que les autres biens du débiteur seront discutés.

2° « Quiconque s'est obligé personnellement, est tenu de remplir son » engagement sur tous ses biens mobiliers et immobiliers, présents et » à venir (art. 2092). » Mais ce gage serait illusoire, si lorsque le débiteur néglige l'exercice de ses droits, les créanciers n'avaient pas le recours que leur offre la loi dans l'art. 1166. Cet article permet aux créanciers d'exercer tous les droits et actions de leur débiteur, à l'exception de ceux qui sont exclusivement attachés à la personne. Les droits qui sont exclusivement attachés à la personne sont ceux que l'on ne peut céder à un tiers. Tels sont les droits d'usage et d'habitation (art. 631-634), le droit de demander la séparation de biens (art. 1443).

CHAPITRE IV.

De l'inexécution des conventions et des dommages-intérêts qui en résultent.

Section Première.

De l'inexécution des conventions.

L'inexécution de la convention peut être totale ou partielle. Dans l'inexécution partielle rentre le retard dans l'exécution, ce retard constitue la mise en demeure du débiteur.

En règle générale, le débiteur n'est mis en demeure que par la demande en justice. Exceptionnellement la mise en demeure peut résulter, soit de la seule échéance du terme lorsque telle est la convention des parties, soit de la loi. C'est ainsi que l'art. 474 du Code Napoléon déclare que le reliquat dû par le tuteur portera intérêt, sans demande, à compter de la clôture du compte.

L'ancienne jurisprudence suivait en cette matière des principes contraires à ceux de la législation actuelle. En effet, d'après cette jurisprudence, les deux parties auraient inutilement stipulé que la demeure résulterait de la seule échéance du terme, les tribunaux repoussaient de semblables clauses et décidaient qu'elles ne devaient être maintenues qu'à l'arbitrage du juge, *qui restait le maître de les faire exécuter à la rigueur, de les modérer ou de n'y avoir aucun égard* (1). Ces clauses étaient appelées comminatoires du latin *comminari*, menacer.

Le débiteur sera encore constitué en demeure par l'inexécution seule, lorsque la chose qu'il était obligé de donner ou de faire, ne pouvait être faite que dans un certain temps qu'il a laissé passer (art. 1146). C'est là le principe de Droit romain, *dies interpellat pro homine*, qui était aussi admis par l'ancien Droit français.

Quant aux sommes d'argent, les intérêts ne sont jamais dus qu'à partir de la demande en justice. Cependant, dans quelques circonstances particulières, la loi les fait courir de plein droit (art. 1153).

Section II.

Des dommages-intérêts résultant de l'inexécution des conventions.

Le débiteur qui n'exécute pas son obligation ou qui l'exécute tardivement, doit des dommages-intérêts.

(1) Toullier VI, 245; Pothier, Traité des Obligations, 349; discours prononcé par M. Mouricault, orateur du Tribunat, dans la séance du Corps Législatif, du 17 pluviôse an XII.

§ 1. — *Des dommages-intérêts dans les obligations qui n'ont pas pour objet des sommes d'argent.*

On appelle dommages, la perte que quelqu'un a faite et le gain qu'il a manqué de faire (1).

Le débiteur, en n'exécutant pas son obligation, occasionne toujours une perte au créancier ou l'empêche de réaliser un gain; par suite, il est tenu de l'indemniser. Cette indemnité constitue les dommages-intérêts. Mais pour savoir à quelle somme devront s'élever les dommages-intérêts, on devra considérer la position du débiteur, voir si c'est par dol ou par simple faute qu'il n'a pas exécuté son obligation (1149). Il est clair que si l'empêchement résulte d'une force majeure ou d'un cas fortuit, il n'y a lieu à aucune espèce de dommages-intérêts (1148).

1° *De la faute du débiteur.* — Lorsque l'inexécution de la convention ne résulte que d'une simple faute de la part du débiteur, il ne sera tenu que des dommages qui ont été prévus ou qui ont pu être prévus lors de la formation du contrat (1150). Me croyant propriétaire d'une maison, je vous la loue pour vingt ans. Quelques années après vous êtes évincé par le véritable propriétaire, quelle sera l'étendue des dommages-intérêts que je vous devrai?

D'après Pothier, je dois vous indemniser d'abord des frais de déménagement, puis d'une partie de votre nouveau loyer, lorsque son prix est plus élevé que celui que vous deviez me payer. Je dois aussi vous rembourser les frais faits par vous, dans la maison, pour pouvoir y exercer votre industrie.

Quid de la perte de pratiques que vous éprouverez par suite du changement de quartier, devra-t-elle entrer dans les dommages-intérêts? Pothier (n° 162) décide la question affirmativement. M. Duranton (475) pense avec raison que les juges devront se montrer très circonspects en pareille circonstance.

(1) Pothier, 159.

2° *Inexécution de la convention par suite de dol.* — En cas de dol de la part du débiteur, il sera tenu, non-seulement de tous les dommages-intérêts que l'on a pu prévoir ou qui ont été prévus en formant le contrat, mais encore de tous les dommages, qui sont une suite directe et immédiate de l'inexécution (art. 1151). Le dol établit, contre celui qui le commet, une nouvelle obligation différente de celle qui résulte du contrat, et cette nouvelle obligation n'est remplie qu'en réparant tout le tort que le dol a causé (1). C'est ainsi que dans l'espèce précédente, le locateur de mauvaise foi aurait été obligé de rembourser au locataire le prix des meubles qui se seraient brisés par suite du déménagement.

Les parties peuvent avoir établi que celui qui manquerait d'exécuter son obligation, paierait à l'autre une certaine somme à titre de dommages-intérêts (art. 1152). Dans ce cas, le juge n'a pas le pouvoir de changer la stipulation des parties. L'ancienne jurisprudence, au contraire, permettait au juge d'intervenir, non pour augmenter, mais pour amoindrir la somme lorsqu'elle paraissait trop considérable. On ne voulait pas qu'un créancier rigoureux pût imposer des charges trop fortes à son débiteur. Mais on conçoit combien il devait être difficile d'apprécier si un créancier s'était ou non montré trop rigourenx. C'est pour cela que notre législation a abrogé la règle suivie dans l'ancien Droit (2).

§ 2. — *Des dommages-intérêts résultant de l'inexécution d'obligations relatives à des sommes d'argent.*

« Dans les obligations qui se bornent au paiement d'une certaine somme, dit l'art. 1153, les dommages-intérêts résultant du retard dans
» l'exécution, ne consistent jamais que dans la condamnation aux inté-
» rêts fixés par la loi, sauf les règles particulières au commerce et au

(1) Bigot-Préameneu, Exposé des Motifs.
(2) Idem. idem.

» cautionnement. Ces dommages-intérêts sont dus, sans que le créancier » soit tenu de justifier d'aucune perte. »

Le législateur a voulu prévenir les difficultés nombreuses auxquelles aurait nécessairement donné lieu l'évaluation des dommages-intérêts en cette matière.

Lors de la discussion de notre article au sein du Conseil d'Etat, on fit observer qu'aucune loi n'avait encore fixé le taux de l'intérêt. On répondit qu'en l'absence d'une loi on appliquerait l'intérêt à cinq pour cent, regardé par la jurisprudence comme étant l'intérêt légal. (1).

Dans son 3e §, l'art. 1153 nous dit que les intérêts ne sont jamais dus qu'à compter du jour de la demande en justice. On sait que dans les affaires soumises au préliminaire de la conciliation, les intérêts courent à partir de la citation devant le juge de paix, pourvu que la demande, devant le tribunal civil, soit formée dans le mois à dater du mois de la non-comparution ou de la non-conciliation. (Art. 57, Code de Procédure).

Il est un foule de cas dans lesquels la loi, par exception à la règle précédente, fait courir les intérêts de plein droit. Tel est l'art. 474 déjà cité. De même, la dot est productive d'intérêts à compter du jour du mariage, à moins qu'il n'y ait eu de stipulation contraire. (Art. 1440-1545).

Dans les art. 1154, 1155, le Code a autorisé l'anatocisme.

L'anatocisme est la convention par laquelle on fait produire des intérêts aux intérêts. L'ancien Droit avait formellement prohibé une semblable stipulation; elle était interdite même en matière commerciale. (2) C'était là une conséquence des prohibitions du Droit ecclésiastique contre le prêt à intérêt.

Mais le Code, tout en permettant l'anatocisme, a pris des précautions pour éviter les abus auxquels il pourrait donner lieu. Ainsi les intérêts ne produiront intérêt que tout autant qu'ils seront dus pour une année

(1) Séance du 11 brumaire an XII. — Le taux légal de l'intérêt a été fixé par la loi du 3 septembre 1807, à cinq pour cent en matière civile, et six pour cent en matière commerciale.

(2) Ordonnance de 1673, tit. VI, art. 2.

entière et pourvu qu'il y ait convention spéciale à ce sujet, ou demande en justice.

L'art. 1154 a donné lieu à une question très-importante. On s'est demandé, s'il ne devait s'appliquer qu'aux intérêts échus et non pas aux intérêts futurs? Les auteurs, qui pensent que l'art. 1154 ne s'applique qu'aux intérêts échus, se fondent sur sa rédaction. Il faut, disent-ils, que les intérêts soient dus pour une année au moins; or il est clair que les intérêts futurs ne sont pas encore dus! Ce qui vient encore corroborer cette opinion, c'est la discussion de notre article au Conseil d'Etat. MM. Pélet, Bigot-Préameneu, Malleville, Cambacérès, Réal et autres, qui y prirent part, n'ont jamais parlé que d'intérêts liquides et exigibles. (1).

Du reste, l'opinion contraire, soutenue par M. Duranton (499), amènerait dans la pratique la ruine d'un grand nombre de débiteurs, qui laisseraient accumuler les intérêts.

Par exception à l'article 1154, les revenus échus, tels que fermages, loyers, arrérages de rentes perpétuelles ou viagères, produisent intérêts du jour de la demande ou de la convention, alors même qu'ils sont dus pour moins d'une année. (Art. 1155).

« La même règle s'applique aux restitutions de fruits et aux intérêts » payés par un tiers au créancier, en acquit du débiteur. »

(1) Locré tom. XII, 2e partie, pag. 147, no 50 à 52.

Droit Commercial.

De la Préposition, des Commissionnaires.

(Les principes généraux seulement.)

Les opérations des commerçants sont nombreuses et compliquées. Ne pouvant y suffire par eux-mêmes, ils ont dû avoir recours à des préposés, des facteurs et des commissionnaires.

CHAPITRE Ier.

Des préposés et facteurs.

Pour bien comprendre cette matière et pour éviter les erreurs dans lesquelles sont tombés bon nombre d'auteurs, il est nécessaire de remonter au Droit Romain, qui a été la source et le point de départ de ces diverses institutions commerciales.

La maxime que chacun doit agir pour soi, *Quisque tenetur pro se lege agere*, est une de celles que l'on rencontre à l'origine de toutes les civilisations. Dans les premiers temps de Rome, elle existait dans toute sa rigueur. Mais peu à peu, grace aux progrès de la civilisation et à l'action intelligente du Droit Prétorien, elle s'éloigna de plus en plus de ce rigorisme, qui est le signe distinctif de l'ancien Droit Romain. On admit que l'on pourrait donner à un tiers l'ordre de faire telle ou telle opération, ou même une série d'opérations. Il est probable que les pères de famille employèrent d'abord, pour les représenter, leurs descendants et leurs esclaves ; mais plus tard, il fut permis de se servir de personnes étrangères : c'est ce qui résulte évidemment du § 71 du commentaire IV de Gaius et de ce texte d'Ulpien : *Parvi autem refert, qui exercet, masculus sit, an mulier, paterfamilias an filiusfamilias vel servus.* (1)

Le maître était engagé par les obligations que contractaient ces divers instruments, et pour le forcer à exécuter ses engagements, trois actions principales étaient accordées à ceux dont il se trouvait ainsi le débiteur. C'étaient les actions *quod jussu*, *institoria* et *exercitoria*, que l'on pouvait exercer directement contre lui.

Il y avait lieu à l'action *quod jussu*, quand le maître avait donné l'ordre de faire telle opération déterminée. Au contraire, lorsque l'instrument avait été chargé d'une entreprise comprenant une suite d'opérations, on devait intenter l'action *institoria* ou *exercitoria* : *Institoria* lorsqu'il s'agissait d'une entreprise terrestre, *exercitoria*, si l'agent avait été préposé au commandement d'un navire.

Le maître se trouvait ainsi obligé, lorsque son préposé avait contracté pour les besoins de l'entreprise. Ce fut là le premier principe reçu; plus tard, on admit que le préposé pourrait obliger les tiers envers son maître.

Comme la personne du préposé se confondait avec celle du préposant, le dol, la bonne ou la mauvaise foi du premier n'influaient en rien sur le contrat; ceux du préposant seul pouvaient le vicier. Par exception, si le préposé était fils de famille ou esclave, et si l'opération concernait son pécule, son dol ou sa mauvaise foi viciaient le contrat, parce qu'ici son propre intérêt étant en jeu, il avait pour ainsi dire une personnalité distincte.

A l'occasion des préposés, nous devons examiner leur capacité et leurs pouvoirs.

(1) D. De exercitoria actione. L. 1. §. 16. (XIV. 1).

Pour ce qui concerne leur capacité personnelle, elle est ici sans importance, ainsi que le dit le jurisconsulte Ulpien, dans le texte précité.

Quant à leurs pouvoirs, c'est au préposant qu'il appartient d'en limiter l'étendue. Mais remarquons que les tiers ne doivent jamais être trompés, et si le préposant retire ou amoindrit les pouvoirs de son préposé, les tiers, tant qu'ils n'auront pas été avertis, pourront contracter valablement avec lui, pour tout acte compris dans les limites de ses attributions primitives. Il faut encore avoir égard à la situation du préposé, et voir s'il est employé au loin ou dans la maison et sous l'œil du maître. Il est clair que le premier doit avoir des pouvoirs plus étendus que le second. Dans ce cas, en effet, il ne s'agit plus d'un simple commis, mais d'une sorte *d'autre moi-même* chargé de mon commerce ou d'une branche de mon commerce.

Au moyen-âge, ces préposés étaient appelés facteurs ; il y en avait de sédentaires, d'autres allaient trafiquer en pays étrangers. Jacques Cœur eut des facteurs établis dans les divers lieux qu'embrassaient ses relations commerciales. Dans sa disgrâce ses facteurs ne l'abandonnèrent pas. L'un d'entre eux, nommé Guillaume de Varic, favorisa son évasion, un autre Jean de Village, vint le trouver à l'étranger pour régler avec lui. (1) C'est qu'autrefois le facteur fesait en quelque sorte partie de la maison.

La préposition dure tant qu'elle n'est pas retirée.

CHAPITRE II.

Des Commissionnaires.

A côté de la préposition se place le contrat de commission, qui reproduit en quelque sorte le mandat Romain.

Le mandat ne s'est introduit dans le Droit Romain que par des progrès

(1) Delamarre et Lepoitvin, Contrat de Commission.

lents et successifs. On autorisa d'abord la représentation en justice pour quelques causes favorables, *pro libertate, pro populo*. Puis les soldats, à cause des absences fréquentes auxquelles ils étaient assujettis pour le service de la République, furent autorisés à nommer des procurateurs généraux, puis on leur accorda la faculté d'avoir des représentants spéciaux, et enfin le mandat particulier fut admis pour tout le monde. Mais pour cela on n'abandonna pas la maxime : *Quisque teneŭr pro se lege agere*, car la personne du mandataire Romain ne se confondait pas avec celle du mandant, ainsi que cela a lieu dans notre Droit. Le Droit Romain n'était pas assez spiritualiste pour admettre une semblable théorie ; voici comment on procédait :

Primus chargeait *Secundus* de lui acheter une maison de campagne ; *Secundus* achetait cette maison à *Tertius*, de là naissaient deux contrats : 1° contrat de vente entre *Tertius* et *Secundus* ; 2° contrat de mandat entre *Secundus* et *Primus*.

En vertu du premier contrat, *Secundus* avait une action contre *Tertius* pour le forcer à lui livrer la maison, et réciproquement, *Tertius* avait une action contre *Secundus* pour le forcer à lui payer le prix convenu.

En vertu du deuxième contrat, *Primus* avait l'action directe de mandat contre *Secundus* pour l'obliger à lui transférer la maison, et *Secundus* pour se faire indemniser, s'il y avait lieu, intentait contre *Primus* l'action contraire de mandat.

C'est cette théorie qui est passée dans le contrat de commission moderne, et elle se justifie quand on songe au mystère dont il est quelquefois nécessaire d'entourer les opérations commerciales.

Le contrat de commission est d'origine toute moderne ; on le voit naître peu à peu et furtivement vers la fin du moyen-âge, au milieu des ordonnances qui imposent aux négociants des vendeurs privilégiés organisés en maîtrises (1). Aussi les premiers commissionnaires étaient-ils en général d'anciens commerçants ruinés qui essayaient de faire les

(1) Ordonnances de 1550 et 1586.

affaires des autres mieux qu'ils n'avaient fait les leurs. Aujourd'hui au contraire, les commissionnaires sont à la tête du commerce.

La commission peut être définie : Un contrat analogue à celui du mandat, par lequel une personne, fait *en son propre nom*, pour le compte d'un tiers, des opérations spécialement déterminées.

Nous disons *en son propre nom*, parce que si le commissionnaire agissait au nom de son commettant, il n'y aurait plus, à proprement parler, de contrat de commission, ce serait un mandat. Cependant, la plupart des auteurs, s'appuyant sur l'art. 92 du Code de Commerce, admettent que même dans ce cas il y aura encore contrat de commission.

Le contrat de commission se forme par le seul consentement. La difficulté consiste à distinguer le moment précis à partir duquel le consentement sera censé avoir été donné. Quelques auteurs ont prétendu qu'il n'y aura contrat que lorsque toutes les parties seront d'accord et le sauront. Cette opinion que nous n'avons pas admise en traitant du consentement dans les obligations civiles, doit *a fortiori* être rejetée en matière commerciale. Le commissionnaire doit agir avec célérité; le contrat de commission sera formé avant qu'il ait prévenu le commettant, dès qu'il aura manifesté son intention d'accepter par des actes extérieurs.

Le contrat de commission peut intervenir à raison de toute affaire commerciale ou non, et par rapport à toutes personnes, qu'elles soient ou non commerçantes. Seulement lorsqu'il s'agit de simples particuliers, la présomption sera pour le mandat. Dans ce cas, on devra se montrer très rigide pour le salaire à accorder au commissionnaire.

A la différence de ce qui a lieu dans le mandat, le commissionnaire reçoit ordinairement un salaire, mais rien n'empêche les parties de stipuler que le salaire ne sera point dû.

Il n'est pas nécessaire que le commettant et le commissionnaire habitent dans des places différentes, ainsi que certains auteurs l'ont soutenu. Telle sont les conditions essentielles à la formation du contrat; examinons maintenant comment il doit être exécuté.

Le contrat de commission doit être exécuté à la lettre. Si le commissionnaire n'accomplit pas littéralement les ordres du commettant, il court des risques : on pourra lui laisser l'opération pour son compte, alors même qu'il n'aurait eu que de bonnes intentions. Ce principe a toujours été appliqué par les tribunaux avec une rigueur extrême. De plus, le commissionnaire doit apporter dans l'exécution de l'opération dont il est chargé, plus de soins qu'il n'en met à ses propres affaires. En d'autres termes, on exige de lui la plus grande vigilance. Le préposé au contraire, n'est n'est tenu d'apporter que le soin qu'il met à ses propres affaires, car c'est le préposant qui l'a choisi : il pouvait bien prévoir que son préposé ne changerait pas.

Tous les malheurs qui surviendront pendant l'exécution du contrat, resteront à la charge du commissionnaire. Ainsi par exemple, je donne la commission à Primus, qui reste à Alger, de m'acheter cinquante chevaux Arabes. Si les chevaux viennent à périr pendant qu'ils sont encore entre les mains de Primus, c'est lui qui devra en supporter la perte ; mais dès que les chevaux me seront expédiés, comme en définitive c'est moi qui suis propriétaire, on appliquera la maxime *res perit domino.* Si au lieu de former un contrat de commission, j'avais chargé mon préposé de faire cet achat, j'aurais été obligé de l'indemniser des pertes éprouvées, parce que mon préposé n'est qu'un instrument.

Le commissionnaire, quand il a rempli son mandat, a droit au remboursement des avances qu'il a faites pour le commettant. Il a aussi droit aux intérêts.

S'il a été constitué par plusieurs commettants, il a une action *in solidum* contre tous. — Par une juste réciprocité, nous pensons que si le commettant a constitué plusieurs commissionnaires pour la même affaire, ils seront tenus solidairement envers lui.

Lorsque l'opération est terminée, le commissionnaire doit rendre compte à son commettant. Mais il peut se faire qu'il y ait eu plusieurs contrats de commissions successifs ; dans ce cas, le commissionnaire devra t-il rendre compte à son commettant immédiat, ou bien au commettant primitif ? En règle générale, le compte doit être rendu au commettant intermédiaire. En effet, le commissionnaire est censé ne connaître que lui.

Mais il peut se faire que le commettant primitif ait intérêt à ce que les comptes lui soient rendus personnellement. Dans ce cas, le commissionnaire, après en avoir été averti, devra les lui soumettre. — D'après les principes purs, les comptes devraient être rendus en détail, c'est-à-dire article par article, avec indication du vendeur ou acheteur et le prix de la vente. Mais malheureusement pour l'honneur commercial, ce n'est pas ainsi que les choses se passent dans la pratique. Les comptes sont rendus en moyenne; pas de détail, pas de nom de vendeur ou d'acheteur, et par suite pas de contrôle possible. On comprend à combien de fraudes un pareil système doit donner lieu; en réalité, c'est comme s'il n'y avait pas de reddition de comptes.

Le Code de Commerce distingue trois espèces de commissionnaires : 1° les commissionnaires pour les ventes, 2° les commissionnaires pour les achats, 3° les commissionnaires de transport et d'entrepôt.

Nous n'avons pas à entrer ici dans les règles particulières qui régissent chacune de ces espèces de commissionnaires; nous nous en tiendrons aux principes généraux.

1° *Des commissionnaires pour les ventes.* — Les commissionnaires pour les ventes, sont ceux qui rendent les services les plus signalés à l'industrie qu'ils alimentent et dont ils décuplent les forces. Aussi, la loi les entoure-t-elle de la plus grande faveur. Ces commissionnaires sont chargés de surveiller la réception de la marchandise, de la conserver avec soin, et de la vendre au plus haut prix possible en se conformant aux prescriptions du commettant.

Dans le cas où leur responsabilité se trouve engagée, la vente n'est pas frappée de nullité, car, aux yeux des tiers, le commissionnaire est seul maître de la marchandise.

L'art. 93 du Code de Commerce accorde à ce commissionnaire un privilége pour les avances qu'il aura faites sur les marchandises à lui expédiées d'une autre place, pourvu qu'elles soient en sa possession ou qu'il puisse justifier de l'expédition par un connaissement ou une lettre de voiture. Il n'est pas nécessaire que le commettant et le commissionnaire résident dans des lieux différents, pour que ce privilége existe : c'est le déplacement des marchandises qu'il faut considérer.

2° *Des commissionnaires pour les achats.* — Les commissionnaires pour les achats, moins utiles, moins favorisés, ne laissent pas de rendre des services pour l'écoulement des marchandises. La loi ne s'est pas occupée de ces commissionnaires; aussi la Cour de Cassation a-t-elle dû recourir à des subtilités pour leur accorder un privilége sur les marchandises achetées et payées par eux de leurs propres deniers. Bien que ces subtilités ne soient pas fondées, l'équité qui préside au résultat les fait accepter.

3° *Des commissionnaires de transport et d'entrepôt.* — Les commissionnaires d'entrepôt sont aujourd'hui de grands commerçants qui se chargent de faire transporter, soit par leurs propres voitures, soit par des voitures libres, les marchandises qu'on leur confie à cet effet. — Les commissionnaires d'entrepôt sont établis dans les lieux où les moyens de transport changent.

Quelquefois les commissionnaires de transport sont aussi commissionnaires d'entrepôt.

Les art. 96 à 101 indiquent les obligations du commissionnaire de transport : inscription des marchandises sur son livre-journal, transport dans les délais déterminés, garantie des pertes ou avaries, et des faits du sous-commissionnaire qu'il emploie.

La preuve du contrat qui se forme à l'occasion du transport des marchandises est constatée par la lettre de voiture. La rédaction de l'art. 101 est vicieuse, en disant que la lettre de voiture forme ce contrat. De plus, le contrat ne peut avoir lieu qu'entre le commissionnaire et le voiturier, ou bien directement entre l'expéditeur et le voiturier, et non pas, comme le dit l'article, entre l'expéditeur, le commissionnaire et le voiturier. — Pour les règles particulières à la lettre de voiture, il suffit de renvoyer à l'art. 102.

Droit Administratif.

De la composition et du mode de délibération des Tribunaux administratifs.

CHAPITRE PREMIER.

Composition des Tribunaux administratifs.

En matière administrative, comme en matière civile, il n'y a que deux degrés de juridiction. L'opinion de quelques auteurs, qui admettent plus de deux degrés de juridiction, provient de ce qu'ils n'ont pas su distinguer les véritables décisions administratives d'actes qui, tout en revêtant les apparences, ne sont au fond que des moyens d'instruction. Ainsi il est des cas nombreux dans lesquels le préfet fait des actes d'instruction. Les actes d'instruction sont envoyés au ministre, juge ordinaire du contentieux administratif au premier degré, qui statue ; et, du tribunal ministériel, l'affaire peut être portée par la voie de l'appel devant le Conseil-d'Etat, qui prononce en dernier ressort. Eh bien ! ces auteurs (Macarel, de Magnitot et Delamarre, Trolley), voient là trois degrés de juridiction. Ils regardent les actes émanant du préfet comme constituant une décision, ce qui est inexact. Tout jugement, en effet, quel qu'il soit, ne peut être attaqué par la voie de l'appel que dans les délais déterminés. Si la partie laisse écouler ces délais sans interjeter appel, le jugement acquiert force de chose irrévocablement jugée. Si donc, quel que soit le délai écoulé depuis l'époque où ont été faits les actes préfectoraux, on peut encore porter l'affaire devant le ministre ; il faut en conclure que dans cette circonstance le préfet n'a pas rendu un véritable jugement et que le mesures prises par lui, constituent seulement des actes d'instruction.

SECTION 1re.

Tribunaux administratifs du premier degré.

§ 1er. — *Du tribunal ministériel et préfectoral.*

Les tribunaux administratifs du premier degré sont : 1o Le ministre qui constitue le tribunal ordinaire ; 2o le préfet, et 3o les conseils de préfecture, qui sont des tribunaux d'exception.

Point de difficulté pour la composition du tribunal ministériel ou préfectoral : le préfet ou le ministre sont seuls juges.

Il en est de même dans les cas où la loi dit : *Le préfet statuera en conseil de préfecture.* Ces expressions signifient simplement que le préfet devra, avant de rendre sa décision, prendre l'avis du conseil de préfecture ; mais il n'est lié en rien par cet avis. Le conseil de préfecture, et c'est là, on peut le dire, son rôle le plus important, est placé auprès du préfet pour l'éclairer, pour lui faire connaître l'esprit des populations, les traditions et les véritables besoins du département.

§ 2. — *Du Conseil de Préfecture.*

Les conseils de préfecture ont été organisés par la loi du 28 pluviose an VIII, et par l'arrêté du 19 fructidor an IX.

Les conseils de préfecture, établis dans chaque département, se divisaient en trois classes, d'après l'article 2 de la loi de pluviose. Les conseils de préfecture de première classe étaient composés de cinq membres ; ceux de seconde, de quatre ; quant à ceux de troisième, ils ne comptaient que trois membres. Une ordonnance du 6 novembre 1817 vint changer cet état de choses, et décida que dans tous les départements le nombre des conseillers de préfecture serait réduit à trois. Mais cette dernière ordonnance fut rapportée par celle du 1er août 1820, qui rétablit l'ancienne organisation.

Les conseillers de préfecture sont nommés par l'Empereur (Art. 18, Loi du 28 pluviose an VIII). Ils doivent être âgés de vingt-cinq ans, (art. 175 de la Constitution du 5 fructidor an III). De plus, ces fonctions sont incompatibles avec celles de notaire et d'avoué. (Loi du 24 vendémiaire an III, tit. II, art. 5. — Avis du Conseil d'Etat du 5 août 1808).

Si le préfet assiste à la séance du conseil, c'est lui qui le préside, et en cas de partage il a voix prépondérante. (Art. 5 de la loi de pluviose). Mais il est clair que si le préfet agit comme partie, et en sa qualité de représentant de l'Etat ou du département, il ne peut pas siéger. Dans ce cas, les fonctions de président seront remplies par le plus ancien des conseillers. Les conseils de préfecture, dit l'art 1er de l'arrêté du 19 fructidor an IX, ne pourront prendre délibération, si les membres ne sont pas au moins au nombre de trois. Le préfet, lorsqu'il assistera à la séance, comptera pour compléter les membres nécessaires à la validité de la délibération.

Les articles 2 et 6 de l'arrêté de fructidor an IX, sont relatifs au mode de remplacement des membres du conseil de préfecture.

Art. 2. « En cas de partage ou d'insuffisance des membres du con-
» seil, ils seront remplacés de la manière suivante :

Art. 3. » Les membres restant au conseil de préfecture désigneront, à
» la pluralité des voix, un des membres du conseil général du départe-
» ment qui siégera avec ceux du conseil de préfecture, soit qu'il faille
» compléter le nombre nécessaire pour délibérer ou vider un partage.
» Le choix ne pourra jamais tomber sur les membres des tribunaux qui
» font partie des conseils généraux des départements. »

C'est pour maintenir le principe de la séparation des pouvoirs judiciaire et administratif dans toute son intégrité, qu'a été posée la dernière règle de notre article.

Art. 4. « En cas de partage sur le choix du suppléant, la voix du » préfet, s'il assiste à la séance, ou du plus ancien d'âge des conseil- » lers, si le préfet n'est pas à la séance, aura la prépondérance.

Art. 5. « Si le préfet est absent du chef-lieu du département, celui » qui le remplacera aura, dans tous les cas, voix prépondérante comme » le préfet lui-même. »

Art. 6. « Le service des suppléants au conseil de préfecture sera gra- » tuit en cas de récusation, maladie ou partage ; en cas d'absence le » suppléant aura droit proportionnellement au temps de son service, à » la moitié du traitement de celui qu'il remplacera. »

Le Conseil d'Etat a décidé en plusieurs circonstances que l'arrêté pris par deux membres seulement, est entaché de nullité. (22 janvier 1808 ; 16 janvier 1822). Seraient encore frappés de nullité les arrêtés rendus par un conseil de préfecture, dont l'un des membres n'aurait pas vingt-cinq ans, ou exercerait des fonctions incompatibles avec celles de conseiller.

On a essayé de soutenir, que l'arrêté pris un dimanche par un conseil de préfecture, serait nul. Cette opinion se fonde sur une loi du 18 novembre 1844, relative à la célébration du dimanche ; mais il résulte de la loi même, qu'elle ne prohibe que les œuvres qualifiées de *serviles*, par les canons de l'église, c'est-à-dire le travail manuel.

SECTION II.

Du Conseil d'Etat, tribunal du second degré.

Le Conseil d'Etat existait, sous l'ancienne monarchie, sous la dénomination de conseil du roi.

La loi des 9 — 11 septembre 1790, supprima les tribunaux spécialement établis pour juger les affaires administratives, et institua le Conseil d'Etat comme juge d'appel du contentieux.

A partir de la loi du 27 mai 1791, le Conseil d'Etat ne se composa plus que du Roi et de ses Ministres (art. 15). On supprima les Conseillers d'Etat et les maîtres des requêtes.

Sous la Convention et le Directoire, il n'y eut pas de Conseil d'Etat; les ministres d'alors jugeaient à leur gré le contentieux administratif (1). Mais les auteurs de la constitution du 22 frimaire an VIII créèrent à côté du ministère, un Conseil d'Etat, qui fut organisé par un réglement du 5 nivose de la même année. D'après cette organisation, le Conseil d'Etat se composait de trente ou quarante membres. Il était divisé en cinq sections, savoir : une section de la guerre, une section de la marine, une section de l'intérieur, une section des finances, une section de législation.

Le Conseil d'Etat, dit l'art. 11 — 3°, prononce sur les affaires contentieuses dont la décision était précédemment remise aux ministres.

Les assemblées générales étaient présidées par le premier Consul.

Sous le premier Empire, le décret du 11 juin 1806 vint donner une nouvelle organisation au Conseil-d'Etat. Désormais ce corps sera composé : 1° de conseillers distribués en service ordinaire et extraordinaire; 2° de maîtres des requêtes, chargés de faire le rapport de toutes les affaires contentieuses; 3° d'auditeurs. L'art. 33 du même décret établit l'ordre des avocats au conseil; il est ainsi conçu :

« Il y aura des avocats en notre conseil, lesquels auront seuls le droit de signer les mémoires et requêtes des parties en matière contentieuse de toute nature. »

Enfin les articles 13 et suivants élargirent les attributions du conseil en lui accordant, outre le contentieux administratif, les appels comme d'abus, les affairés de haute police administrative et les discussions relatives aux marchés publics.

Pendant la Restauration, l'organisation en Conseil-d'Etat fut détermi-

(1) Sirey, du Conseil-d'Etat selon la Charte, page 15.

née par une ordonnance royale du 23 août 1815. Les conseillers et maîtres des requêtes en service ordinaire furent distribués en cinq comités : le comité de législation, le comité du contentieux, le comité des finances, le comité de la marine et des colonies, le comité de l'intérieur et du commerce. (Art. 7).

Les comités de législation et du contentieux étaient présidés par le Garde-des-Sceaux. Quant aux autres comités, ils étaient présidés chacun par celui des ministres dans le département duquel il se trouvait placé. Les assemblées générales devaient être présidées par le roi, et en son absence, par le président du conseil des ministres.

Un comité de la guerre fut formé par l'art. 5 de l'ordonnance du 19 avril 1807, et placé à côté du ministre de la guerre.

Cette organisation fut, à peu de choses près, maintenue par la loi du 19 juillet 1845. Le Conseil-d'Etat fut divisé en autant de comités qu'il y avait de ministres, plus un comité du contentieux, chargé de préparer l'instruction des affaires contentieuses, qui étaient ensuite portées devant l'assemblée générale du Conseil-d'Etat. Cette assemblée générale se composait : 1° de tous les conseillers d'Etat en service ordinaire ; 2° des maîtres des requêtes avec voix consultative ; 3° des auditeurs, qui ne prenaient aucune part à la délibération.

L'art. 36 de la loi du 8 mai 1849 supprima le comité du contentieux. Les affaires contentieuses ne durent plus subir une instruction préparatoire avant d'être jugées, et le jugement, au lieu d'être prononcé par le Conseil-d'Etat en assemblée générale, dut émaner de la section du contentieux. Cette section était composée de neuf membres. Trois maîtres des requêtes, désignés par le Président de la République, étaient chargés des fonctions du ministère public.

L'organisation actuelle du Conseil-d'Etat a été fixée par le décret du 25 janvier 1852.

L'art. 2 de ce décret contient la composition de ce grand corps placé au sommet de la hiérarchie administrative. Il comprend 1° un vice-président, nommé par l'Empereur; 2° quarante à cinquante Conseillers d'Etat en service ordinaire ; 3° des Conseillers d'Etat en service ordinaire hors section ; 4° des Conseillers d'Etat en service extraordinaire dont le nombre ne pourra s'élever au-dessus de vingt ; 5° de quarante Maîtres des Requêtes, divisés en deux classes de vingt chacune ; 6° de quarante Auditeurs, divisés en deux classes de vingt chacune. Un secrétaire-général ayant titre et rang de Maître des Requêtes, est attaché au Conseil d'Etat. Le conseil est divisé en six sections, savoir : section du contentieux, section de l'intérieur, de l'instruction publique et des cultes, section des travaux publics, de l'agriculture et du commerce, section de la guerre et de la marine, section des finances. Remarquons que cette division peut être modifiée par un décret de l'Empereur.

Pour l'instruction des affaires contentieuses, le décret du 25 janvier 1852 a suivi un système mixte entre celui de 1845 et celui de 1849. L'instruction des affaires contentieuses est d'abord préparée par la section du contentieux composée ainsi qu'il est dit en l'art. 17 de ce décret. Puis l'affaire est portée, non plus devant l'assemblée générale, mais devant le comité du contentieux, chargé de statuer définitivement. Ce comité se compose : 1° des membres de la section du contentieux ; 2° de dix conseillers désignés par l'Empereur et pris en nombre égal dans chacune des autres sections. Ils sont, tous les deux ans, renouvelés par moitié. (art. 19).

CHAPITRE II.

Du mode de Délibération des Tribunaux Administratifs.

SECTION PREMIÈRE.

Tribunaux du premier degré.

Le ministre délibère seul sur le rapport qui lui est fait par le chef de service dans les attributions duquel l'affaire se trouve comprise. Il peut, avant de se prononcer, prendre l'avis de la section du conseil attachée à son ministère. — Le Préfet délibère aussi seul sur le rapport de ses chefs de bureaux. Il est obligé, dans certains cas, de prendre préalablement l'avis du conseil de préfecture.

Le conseil de préfecture délibère sur le rapport fait par le conseiller que le préfet désigne. La délibération est prise à la majorité absolue des suffrages. Lorsque le Préfet ou son délégué président le conseil, ils ont voix prépondérante; mais si c'est le plus ancien des membres qui le préside, celui-ci n'a pas voix prépondérante. En cas de partage, on nomme un conseiller répartiteur pris parmi les membres du conseil général, conformément à l'arrêté du 19 fructidor an IX.

Section II.

Du Conseil d'Etat.

Le mode de délibération qui doit être suivi devant le Conseil d'Etat est réglé par les art. 17, 18, 19, 20, 21, 22, 23, 24 du décret déjà cité du 25 janvier 1852.

Nous ne nous occuperons spécialement que de la délibération en matière contentieuse. Les délibérations de la section du contentieux sont prises à la majorité des voix, et après que le membre chargé de faire le rapport a été entendu. Pour pouvoir délibérer, il faut qu'elle comprenne au moins quatre membres ayant voix délibérative. Les Maitres des Requêtes ont voix consultative dans toutes les affaires, et voix délibérative dans celles dont ils ont fait le rapport. Les auditeurs ont voix consultative dans les affaires dont ils sont rapporteurs (art. 17). L'affaire est ensuite portée devant le comité du contentieux. Le rapport se fait en séance publique; après le rapport les avocats des parties sont admis à présenter des observations orales (art. 19 à 20). Puis le commissaire du gouvernement donne ses conclusions. Le comité du contentieux, pour pouvoir délibérer, doit être composé de onze membres au moins, ayant voix délibérative; en cas de partage, la voix du président est prépondérante (art. 22). La délibération n'est pas publique, le projet de décret doit être rédigé par écrit, et signé de tous les membres qui ont pris part à la délibération, puis transmis à l'Empereur.

Le décret qui intervient doit être lu à la séance publique suivante.

Cette Thèse sera soutenue, en séance publique, le 1er août 1855, dans une des salles de la Faculté.

Vu par le Président de la Thèse,

LAURENS, Doyen.

Toulouse, Imprimerie Troyes OUVRIERS REUNIS, rue Saint-Pantaléon, 3.

TOULOUSE
OUVRIERS RÉUNIS
St-Pantaléon, 3.

www.ingramcontent.com/pod-product-compliance
Ingram Content Group UK Ltd.
Pitfield, Milton Keynes, MK11 3LW, UK
UKHW022132260726
13993UKWH00003B/1385

9 782019 994594